I0566847

BESTACTIVITYBOOKS.COM

Scoprire i Giochi Gratuiti Online

Disponibile Qui:

BestActivityBooks.com/FREEGAMES

5 CONSIGLI PER INIZIARE

1) COME RISOLVERE LE PAROLE INTRECCIATTE

I puzzle hanno un formato classico:

- Le parole sono nascoste senza spazi o trattini,...
- Orientamento: Le parole possono essere scritte in avanti, indietro, verso l'alto, verso il basso o in diagonale (possono essere invertite).
- Le parole possono sovrapporsi o intersecarsi.

2) APPRENDIMENTO ATTIVO

Accanto ad ogni parola c'è uno spazio per scrivere la traduzione. Per incoraggiare l'apprendimento attivo, un **DIZIONARIO** alla fine di questa edizione vi permetterà di controllare e ampliare le vostre conoscenze. Cerca e scrivi le traduzioni, trovale nel puzzle e aggiungile al tuo vocabolario!

3) SEGNARE LE PAROLE

Puoi inventare il tuo sistema di segni. Forse ne usi già uno? Per esempio, puoi segnare le parole difficili da trovare con una croce, le parole preferite con una stella, le parole nuove con un triangolo, le parole rare con un diamante, e così via.

4) STRUTTURARE L'APPRENDIMENTO

Questa edizione offre un **TACCUINO** alla fine del libro. In vacanza, in viaggio o a casa, puoi organizzare facilmente le tue nuove conoscenze senza bisogno di un secondo quaderno!

5) AVETE FINITO TUTTE LE GRIGLIE?

Nelle ultime pagine di questo libro, nella sezione della **SFIDA FINALE**, troverete un gioco gratuito!

Facile e veloce! Dai un'occhiata alla nostra collezione di libri di attività per il tuo prossimo momento di divertimento e **apprendimento,** a portata di clic!

Trova la tua prossima sfida su:

BestActivityBooks.com/MioProssimoLibro

Ai vostri posti, pronti...Via!

Sapevi che ci sono circa 7.000 lingue diverse nel mondo? Le parole sono preziose.

Amiamo le lingue e abbiamo lavorato duramente per creare libri di altissima qualità. I nostri ingredienti?

Una selezione di argomenti adatti all'apprendimento, tre buone porzioni di intrattenimento, una cucchiaiata di parole difficili e una spolverata di parole rare. Li serviamo con amore e entusiasmo in modo che tu possa risolvere i migliori giochi di parole e divertirti imparando!

La vostra opinione è essenziale. Puoi partecipare attivamente al successo di questo libro lasciandoci un commento. Ci piacerebbe sapere cosa ti è piaciuto di più di questa edizione.

Ecco un link veloce alla pagina dell'ordine:

BestBooksActivity.com/Recensione50

Grazie per il vostro aiuto e buon divertimento!

Tutta la squadra

1 - Scacchi

```
K  M  G  H  E  U  C  Y  S  L  I  M  Q  Z
K  O  N  I  N  G  C  X  T  U  U  C  I  W
L  A  N  W  E  D  S  T  R  I  J  D  N  A
N  E  M  I  P  D  P  W  A  X  U  L  A  R
M  P  R  P  N  X  E  H  T  L  D  U  Q  T
R  P  C  E  I  G  L  Q  E  Q  I  W  I  T
B  A  O  C  N  O  I  U  G  F  A  M  T  Z
H  S  P  U  N  T  E  N  I  C  G  Q  O  F
Z  S  P  E  L  E  R  N  E  Y  O  T  E  M
U  I  T  D  A  G  I  N  G  E  N  I  R  K
S  E  O  J  Q  X  D  O  G  V  A  J  N  Y
O  F  F  E  R  W  S  K  K  T  A  D  O  G
R  E  G  L  E  M  E  N  T  L  L  W  O  T
T  E  G  E  N  S  T  A  N  D  E  R  I  O
```

TEGENSTANDER	LEREN
WIT	PUNTEN
KAMPIOEN	KONING
WEDSTRIJD	KONINGIN
DIAGONAAL	REGLEMENT
SPELER	OFFER
SPEL	UITDAGINGEN
SLIM	STRATEGIE
ZWART	TIJD
PASSIEF	TOERNOOI

2 - Aggettivi #2

```
H  N  J  Z  O  E  T  Z  B  R  W  N  B  A
O  O  D  G  N  Z  R  U  E  H  V  A  A  Z
N  R  B  R  D  M  O  I  R  E  U  T  U  G
G  M  P  E  A  A  T  V  O  E  P  U  T  M
E  A  R  R  S  M  S  E  E  T  C  U  H  I
R  A  H  A  O  C  A  R  M  S  E  R  E  Y
I  L  N  Z  G  D  H  T  D  L  H  L  N  E
G  H  G  I  B  E  U  R  I  G  P  I  T  L
G  E  Z  O  N  D  S  C  I  S  K  J  I  E
C  R  I  S  N  L  T  S  T  J  C  K  E  G
G  C  J  T  I  L  E  Z  E  I  V  H  K  A
F  W  K  U  E  D  R  O  O  G  E  E  J  N
F  S  Z  O  U  T  K  D  L  U  F  F  N  T
E  O  R  Y  W  C  R  E  A  T  I  E  F  D
```

HONGERIG
DROOG
AUTHENTIEK
HEET
CREATIEF
BESCHRIJVEND
ZOET
DRAMATISCH
ELEGANT
BEROEMD

STERK
NATUURLIJK
NORMAAL
NIEUW
TROTS
PRODUCTIEF
ZUIVER
ZOUT
GEZOND

3 - Pesca

```
O  I  Q  M  J  Q  Y  P  I  X  S  R  H  E
Y  O  B  E  A  F  H  Y  G  G  C  C  R  O
A  L  R  E  M  N  W  H  E  O  R  S  B  V
P  A  S  R  Z  E  D  Z  W  A  T  E  R  E
P  E  S  Z  S  A  Y  V  I  N  N  E  N  R
A  K  Y  K  W  E  M  O  C  D  R  A  A  D
R  Z  L  H  E  R  X  C  H  F  I  S  B  R
A  K  O  K  A  A  K  E  T  L  V  T  O  I
T  I  C  G  J  A  R  A  N  U  I  R  O  J
U  E  V  F  H  G  K  A  A  X  E  A  T  V
U  U  X  R  U  J  E  N  X  X  R  N  Y  I
R  W  G  E  D  U  L  D  U  J  V  D  T  N
S  E  I  Z  O  E  N  Z  I  A  Z  Z  B  G
Q  N  L  L  Y  F  G  T  F  H  Z  Z  T  J
```

WATER	HAAK
APPARATUUR	MEER
BOOT	KAAK
KIEUWEN	OCEAAN
MAND	GEDULD
KOK	GEWICHT
OVERDRIJVING	VINNEN
AAS	STRAND
DRAAD	SEIZOEN
RIVIER	

4 - Aggettivi #1

```
T  G  B  C  I  E  L  A  N  G  Z  A  A  A
A  D  U  I  D  P  E  W  Q  L  W  C  B  M
E  K  P  L  Y  H  K  R  C  E  U  T  S  B
X  N  Z  X  D  E  E  A  L  X  G  I  O  I
O  B  O  U  U  Z  I  R  D  I  S  E  L  T
T  E  P  R  N  W  L  O  H  D  J  F  U  I
I  L  E  J  M  A  J  M  G  E  M  K  U  E
S  A  R  B  J  A  O  A  R  N  O  X  T  U
C  N  F  W  Q  R  N  T  O  T  D  S  O  S
H  G  E  R  L  F  G  I  O  I  E  S  M  K
I  R  C  W  S  H  B  S  T  E  R  C  V  R
S  I  T  I  X  L  C  C  Y  K  N  B  N  F
E  J  R  V  Q  F  D  H  Q  U  M  D  S  P
K  K  A  R  T  I  S  T  I  E  K  T  L  X
```

AMBITIEUS	GROOT
AROMATISCH	IDENTIEK
ARTISTIEK	BELANGRIJK
ABSOLUUT	LANG
ACTIEF	MODERN
ENORM	EERLIJK
EXOTISCH	PERFECT
GUL	ZWAAR
JONG	DUN

5 - Geologia

```
S  I  J  F  O  S  S  I  E  L  X  K  H  D
L  T  R  V  R  J  T  K  W  A  R  T  S  Y
F  Z  A  L  A  A  G  E  U  K  I  J  Y  V
M  C  A  L  C  I  U  M  E  R  T  R  T  S
I  F  B  R  A  L  F  G  F  N  G  O  S  R
N  G  Y  G  Y  G  A  J  K  O  R  A  A  L
E  O  Y  L  L  W  M  V  E  R  O  S  I  E
R  G  E  I  S  E  R  I  A  K  T  K  E  P
A  R  S  A  A  R  D  B  E  V  I  N  G  L
L  A  Y  G  N  Z  O  U  T  T  C  E  C  A
E  C  O  N  T  I  N  E  N  T  E  B  Z  T
N  K  R  I  S  T  A  L  L  E  N  N  U  E
O  C  K  S  T  A  L  A  C  T  I  E  T  A
D  G  S  I  R  Z  U  U  R  H  K  J  L  U
```

ZUUR	LAVA
PLATEAU	MINERALEN
CALCIUM	STEEN
GROT	KWARTS
CONTINENT	ZOUT
KORAAL	STALAGMIETEN
KRISTALLEN	STALACTIET
EROSIE	LAAG
FOSSIEL	AARDBEVING
GEISER	

6 - Campeggio

```
V F K D B O S T O U W H W L
I T V J O Z F H U J R A C H
U I M A A N K O Y U A N R R
L N C A B I N E T G H G I D
B S J H V C Z D C Z L M L M
M E C L M O V S U D Z A Y S
Y C R O E J N G M E H T D F
K T Y G E A N T V T S T I S
A A L A R C A K U M Z E E N
N W A F W H T O D U B N R N
O F B R X T U M F C R T E F
J O I K T O U P Y E A F N E
P L E Z I E R A E Z N N K X
H B O M E N S S W W D B L Y
```

BOMEN	PLEZIER
HANGMAT	BOS
DIEREN	BRAND
AVONTUUR	INSECT
KOMPAS	MEER
CABINE	MAAN
JACHT	KAART
KANO	BERG
HOED	NATUUR
TOUW	TENT

7 - Arti Visive

```
G T Q X K F D V D M F R C S
D G Q M E E O Z J A T L R T
P R V O P O R T R E T Z E E
P O T L O O D A O V G Y A N
E F E Z E L J M M J D S T C
N P E R S P E C T I E F I I
R Q F R P E N M B W E P V L
F N F J V P H M C M D K I K
E Y I H O U T S K O O L T L
M C L P G L H C T R U T E E
B X M E A B O Z E A I X I I
B W V E R N I S R A J J T F
U A R T I E S T H M Q W T K
C S M E E S T E R W E R K I
```

KLEI
ARTIEST
MEESTERWERK
HOUTSKOOL
EZEL
WAS
KERAMIEK
CREATIVITEIT
FILM

FOTO
KRIJT
POTLOOD
PEN
PERSPECTIEF
PORTRET
STENCIL
VERNIS

8 - Esplorazione

```
C O E X C U L T U R E N K G
O O N B E K E N D M S A M E
U N P G B T R E K K U R O V
D I T W N G E V A R E N E A
R I T D I S N L H F D A D A
H A G P E N L P L V I C J R
D N T J U K D C D G E T M L
I D B E W T K I F K R I D I
J F U K U R T I N C E V W J
B W T E R R E I N G N I I K
B E P A L I N G G G T L Z
T A A L U Y L O K G R E D B
O S R U I M T E F V H I L Z
X C R E I S Q C V K Q T K H
```

DIEREN
ACTIVITEIT
MOED
CULTUREN
BEPALING
OPWINDING
UITPUTTING
TAAL
NIEUW

LEREN
GEVAREN
GEVAARLIJK
ONBEKEND
ONTDEKKING
WILD
RUIMTE
TERREIN
REIS

9 - Tempo

```
M K G N M K F G N W E D U J
I J A A R G I S T E R E N A
N E D L O C H T E N D C Z A
U O E W E E K M I Y A E I R
U A V U Y N L O G Z G N V L
T J O S W R D M I D F N Y I
Q P O N N A L E I M W I F J
E A R U Z A Z N R R D U M K
K D D J W E K T A Z M M B S
N M A A N D L L W Y U I C G
Z A E N I K O S F I M D J Y
Y U C T O E K O M S T D F P
U U R H V A N D A A G A N C
C Y A M T I E I N J F G Z I
```

JAAR	MIDDAG
JAARLIJKS	MINUUT
KALENDER	MOMENT
DECENNIUM	NACHT
NA	VANDAAG
TOEKOMST	UUR
DAG	KLOK
GISTEREN	VOOR
OCHTEND	EEUW
MAAND	WEEK

10 - Astronomia

```
S U P E R N O V A F S A O T
Y T A S T R O N O O M S B E
W M E T E O O R N S B T S L
B X M R A L Y O E F H R E E
P V V A R A M P V Z H O R S
L L F L B E R R E U Q N V C
D D A I S P N D L N F A A O
A Y C N A E K B E I L U T O
K K P G E P T A E V Z T O P
R A K E T E M Z W E F R R B
M A A N S T C C R L A I Q
A S T E R O Ï D E S T D U D
E Q U I N O X J A U X Z M G
H E M E L B K O S M O S G A
```

ASTEROÏDE
ASTRONAUT
ASTRONOOM
HEMEL
KOSMOS
STERRENBEELD
EQUINOX
MAAN
METEOOR

NEVEL
OBSERVATORIUM
PLANEET
STRALING
RAKET
SUPERNOVA
TELESCOOP
AARDE
UNIVERSUM

11 - Circo

```
B  C  T  D  U  S  S  N  O  E  P  M  K  P
A  Y  O  C  Z  P  B  W  U  H  A  Q  A  D
L  E  E  U  W  E  J  R  K  V  R  C  A  B
L  E  S  G  A  C  R  O  B  A  A  T  R  D
O  Q  C  O  I  T  Q  M  N  A  D  E  T  I
N  K  H  O  W  A  A  A  P  G  E  G  J  E
N  O  O  C  H  C  T  G  B  N  L  M  E  R
E  S  U  H  M  U  Z  I  E  K  O  E  E  E
N  T  W  E  U  L  V  E  D  G  L  J  U  N
M  U  E  L  R  A  T  R  U  C  I  O  F  R
Q  U  R  A  B  I  H  G  G  Z  F  Z  P  O
I  M  Q  A  I  R  T  E  N  T  A  N  Y  D
U  C  S  R  T  I  J  G  E  R  N  M  G  J
Q  P  B  C  L  O  W  N  M  K  T  P  Z  O
```

ACROBAAT	GOOCHELAAR
DIEREN	MUZIEK
KAARTJE	BALLONNEN
SNOEP	PARADE
CLOWN	AAP
KOSTUUM	SPECTACULAIR
OLIFANT	TOESCHOUWER
JONGLEUR	TENT
LEEUW	TIJGER
MAGIE	TRUC

12 - Mitologia

```
G  S  C  R  E  A  T  I  E  O  A  E  M  W
M  T  N  X  Z  F  S  D  O  N  D  E  R  A
K  E  L  R  B  L  I  K  S  E  M  H  Z  R
C  R  B  O  A  T  M  O  N  S  T  E  R  C
U  F  I  P  J  M  K  A  P  D  Q  L  U  H
L  E  B  J  Y  N  P  W  G  T  G  D  D  E
T  L  R  A  G  L  Q  E  E  I  Q  O  G  T
U  I  K  L  P  E  V  Z  D  P  S  N  O  Y
U  J  R  O  H  G  R  E  R  E  G  C  D  P
R  K  A  E  V  E  U  N  A  B  J  E  H  E
Q  M  C  Z  V  N  S  W  G  D  U  B  E  C
C  U  H  I  P  D  O  O  L  H  O  F  D  W
R  P  T  E  V  E  J  W  R  A  A  K  E  B
O  V  E  R  T  U  I  G  I  N  G  E  N  D
```

ARCHETYPE	BLIKSEM
GEDRAG	JALOEZIE
WEZEN	KRIJGER
CREATIE	DOOLHOF
OVERTUIGINGEN	LEGENDE
CULTUUR	MAGISCH
RAMP	STERFELIJK
GODHEDEN	MONSTER
HELD	DONDER
KRACHT	WRAAK

13 - Piante

```
S  U  O  R  B  V  V  Q  G  L  N  U  U  D
T  P  O  M  C  B  L  O  E  M  B  L  A  D
R  H  Q  D  L  D  E  X  O  B  O  O  N  I
U  F  T  H  I  D  G  S  C  A  C  T  U  S
I  B  J  S  C  U  W  Q  R  M  Q  E  U  T
K  L  I  M  O  P  C  Z  F  B  K  H  O  U
J  O  W  O  R  T  E  L  W  O  L  C  W  I
Y  E  T  G  E  B  L  A  D  E  R  T  E  N
F  M  P  L  A  N  T  K  U  N  D  E  W  B
E  L  U  O  P  R  G  R  O  E  I  E  N  O
C  D  O  G  H  M  M  E  S  T  T  J  Y  O
V  H  L  R  Y  M  O  O  D  W  F  G  L  M
I  B  L  A  A  I  M  S  B  O  S  W  H  H
Z  Y  B  S  V  E  G  E  T  A  T  I  E  M
```

BOOM	MEST
BES	BLOEM
BAMBOE	FLORA
PLANTKUNDE	GEBLADERTE
CACTUS	BOS
STRUIK	TUIN
GROEIEN	MOS
KLIMOP	BLOEMBLAD
GRAS	WORTEL
BOON	VEGETATIE

14 - Spezie

```
F K G B J E Z J K E R R I E
K A R D E M O M U O N T U W
E N G D A X E F R G M Y O Q
P E U E H P T U K M P I H E
Y E Z O U T R R U S O T J L
D L P X I N V K M A A C F N
R K F E E V Y V A N I L L E
O B N N R K O R I A N D E R
P I F O P A P R I K A V I O
P T S A F F R A A N N E R J
L T I T T L Y H X Z I N J R
Z E C F Y P O Y V W J K N X
U R I L D H I O N C S E N W
G E M B E R U A K V Y L H D
```

KNOFLOOK	ZOET
BITTER	VENKEL
ANIJS	DROP
KANEEL	PAPRIKA
KARDEMOM	PEPER
UI	ZOUT
KORIANDER	VANILLE
KOMIJN	SAFFRAAN
KURKUMA	GEMBER
KERRIE	

15 - Numeri

```
V L J Q K J X D N I A M N O
I D E R T I E N E N C V U U
J B X A T B W V G K Z X L W
F Z L C T W U Q E Z E S O V
T E E H N C E N N E D R I E
I V C T U O H E T V E B L E
E E F T P M C Y I E C T A R
N N V I E R L W E N I N C T
T T Z E S T I E N S M Y H I
N I T N M I Y F J F A E T E
L E E O K S H T W A A L F N
F N G N Z L A A B C L Q D J
X F X E F C O Q R V I J F M
B W T I N T W I N T I G Y H
```

VIJF	VEERTIEN
DECIMAAL	VIER
NEGENTIEN	VIJFTIEN
ZEVENTIEN	ZESTIEN
ACHTTIEN	ZES
TIEN	ZEVEN
TWAALF	DRIE
TWEE	DERTIEN
NEGEN	TWINTIG
ACHT	NUL

16 - Cioccolato

```
I  K  W  A  L  I  T  E  I  T  A  N  B  C
N  X  S  R  A  H  E  E  R  L  I  J  K  A
G  R  C  O  K  R  V  N  B  I  K  S  A  L
R  S  Z  M  U  P  T  T  M  G  O  U  R  O
E  E  M  A  P  H  N  I  G  B  K  I  A  R
D  F  C  B  R  I  V  M  S  E  O  K  M  I
I  A  A  E  S  U  N  G  M  A  S  E  E  E
Ë  V  C  M  P  V  Z  D  A  U  N  R  L  Ë
N  O  A  E  S  T  O  M  A  V  O  A  E  N
T  R  O  S  N  O  E  P  K  S  O  D  A  P
N  I  N  B  I  T  T  E  R  M  T  V  K  L
I  E  P  O  E  D  E  R  I  D  H  D  D  N
L  T  E  X  O  T  I  S  C  H  G  J  Q  H
A  N  T  I  O  X  I  D  A  N  T  V  V  W
```

BITTER	ZOET
ANTIOXIDANT	EXOTISCH
PINDA'S	SMAAK
AROMA	INGREDIËNT
ARTISANAAL	KOKOSNOOT
CACAO	POEDER
CALORIEËN	FAVORIET
SNOEP	KWALITEIT
KARAMEL	RECEPT
HEERLIJK	SUIKER

17 - Guida

```
D E F O R G G V T X V A Z M
G E V A A R A E B U S P P O
V V M I N Q R R K I N M G T
E O O O W X A K K I D N P O
I E T Y N L G E F V J W E R
L T O L I G E E R G Q C W L
I G R V C D E R E M M E N I
G A F E G A S L X J I V L C
H N I R M W X I U K K P W E
E G E V E T E G M K T M R N
I E T O B X T G A A K T U T
D R S E E W J A E A R K C I
J I T R X Y C X D R G Y H E
Q P O L I T I E B T A U T O
```

AUTO   MOTOR
BUS   VOETGANGER
REMMEN   GEVAAR
GARAGE   POLITIE
GAS   VEILIGHEID
ONGELUK   WEG
LICENTIE   VERKEER
KAART   VERVOER
MOTORFIETS   TUNNEL

18 - Sport

```
Y K S T A D I O N D G G U O
S Q A Z W E M M E N L Y E C
F G Y M N A S T I E K M A Z
Q O D N P B W X W W G N T S
R L Z E I I G S R V L A L S
B F E C N Y O P X N Z S E S
P A T R A I N E R I C I E T
F L S I I M W L N T H U T E
O I X K H S R V J S O M R N
I B E W E G I N G P C W D N
S Q G T H T S D L E K H J I
S L B E S A B Z R L E B A S
G S Y A K U Y A R E Y H U P
E I Q M F Y G S L R J O R A
```

TRAINER
ATLEET
BASKETBAL
FIETS
KAMPIOENSCHAP
GYMNASTIEK
SPELER
SPEL

GOLF
HOCKEY
BEWEGING
ZWEMMEN
GYMNASIUM
TEAM
STADION
TENNIS

19 - Giocattoli

```
V  R  A  C  H  T  A  U  T  O  W  G  Y  O
E  K  Y  S  T  J  Y  G  Y  U  F  T  K  Y
R  Z  Y  O  I  K  W  Z  L  Q  T  R  G  K
F  H  M  L  D  F  A  V  O  R  I  E  T  E
K  L  E  I  V  L  I  E  G  T  U  I  G  R
N  P  O  P  U  Z  Z  E  L  I  B  N  L  O
Q  R  A  M  B  A  C  H  T  E  N  A  I  B
H  C  U  S  C  H  A  A  K  S  I  V  L  O
G  K  T  E  J  G  I  S  W  W  D  L  N  T
D  A  O  V  E  R  B  E  E  L  D  I  N  G
R  Q  M  H  N  Q  W  K  O  I  B  E  M  P
U  B  O  E  K  E  N  L  H  K  O  G  T  O
M  P  O  L  S  Y  H  J  V  T  O  E  I  D
S  L  Z  N  Q  C  H  U  J  K  T  R  S  W
```

VLIEGTUIG	GAMES
VLIEGER	VERBEELDING
KLEI	BOEKEN
AMBACHTEN	BAL
AUTO	FAVORIET
POP	PUZZEL
BOOT	ROBOT
DRUMS	SCHAAK
FIETS	TREIN
VRACHTAUTO	VERF

20 - Strumenti di Cottura

```
X T I S E Q T L J L B Z V S
I E X M X Y H A N Y E O E A
D Z U Y K O E L K A S T R P
L R V L S H R D X S T M G C
L A F C X S M E S Z E Z I E
R E W D E S O S Z N K V E N
C A P X J K M C P H Q O T T
N M S E E E H C A N R K R
X F J P L T T A Q E T K I I
O V E N R E E A E O Z E E F
L M T Z T L R R F C F J L U
K A C H E L D E K S E L R G
H P W Q I U J A D D K T X E
B R O O D R O O S T E R B J
```

KETEL	KOELKAST
VERGIET	RASP
MES	BESTEK
DEKSEL	SPATEL
LEPEL	SAPCENTRIFUGE
ZEEF	KACHEL
SCHAAR	THERMOMETER
VORK	BROODROOSTER
OVEN	

21 - Uccelli

```
G  L  F  P  P  R  B  W  O  X  Z  U  N  A
X  L  U  A  T  A  E  P  B  T  W  F  S  G
A  P  B  U  T  K  P  I  G  L  A  J  T  P
M  N  D  W  O  C  C  E  G  T  A  F  R  D
U  R  C  D  E  Q  E  J  G  E  N  L  U  U
S  K  O  E  K  O  E  K  B  A  R  A  I  I
B  U  W  W  A  I  L  K  M  D  A  M  S  F
E  E  N  D  N  W  P  W  M  E  N  I  V  H
P  E  L  I  K  A  A  N  R  L  H  N  O  A
M  E  E  U  W  E  I  U  O  A  C  G  G  V
I  N  E  O  O  I  E  V  A  A  R  O  E  I
G  A  N  S  F  X  P  D  E  R  R  X  L  K
Z  M  P  I  N  G  U  Ï  N  O  S  P  E  P
R  I  M  S  U  G  P  P  C  G  T  I  O  G
```

REIGER	PAPEGAAI
EEND	MUS
ADELAAR	PAUW
OOIEVAAR	PELIKAAN
ZWAAN	DUIF
KOEKOEK	PINGUÏN
HAVIK	KIP
FLAMINGO	STRUISVOGEL
MEEUW	TOEKAN
GANS	EI

22 - Giorni e Mesi

```
O F E B R U A R I F K J K S
Z K M A A N D H W H W A H T
Z A T E R D A G O J J A H S
M P N O V E M B E R U R F E
Z R R O B C L U N B N L L P
D I E H R E J J S N I Q I T
K L N O G M R O D R D J G E
V A C F M B E I A J I A T M
R S L O A E D A G D N N G B
I X E E A R W E E K S U R E
J A B Z N Z W Z O N D A G R
D S G J D D Z W C C A R D P
A F H J A Y E K J S G I H D
G X R C G F U R B Z V F V L
```

JAAR
APRIL
KALENDER
DECEMBER
ZONDAG
FEBRUARI
JANUARI
JUNI
JULI
MAANDAG

DINSDAG
WOENSDAG
MAAND
NOVEMBER
OKTOBER
ZATERDAG
SEPTEMBER
WEEK
VRIJDAG

23 - Casa

```
K T D E U R D O U C H E R L
M A A N Q Q J H O K A J A A
J B M P L A F O N D A X A M
V O U E I M I P F A R S M P
O W U K R J U H S V D M H U
I F R L I V T U I N L L C G
N K S M O A M G W S O O H A
A R S T H I X P Q P S I E K
G A R A G E H E E I E S K R
L A Q J J A C E K E U K E N
D N Y M U Z O H L G Q J D K
Y G L O U F E T B E Z E M Y
D A K R Y R T Z O L D E R H
B I B L I O T H E E K B L L
```

ZOLDER	MUUR
BIBLIOTHEEK	VLOER
KAMER	DEUR
HAARD	HEK
KEUKEN	KRAAN
DOUCHE	BEZEM
RAAM	PLAFOND
GARAGE	SPIEGEL
TUIN	TAPIJT
LAMP	DAK

24 - Ristorante #1

```
S Q T K W K O F F I E P V H
S F A F M S A S E R V E T V
N A I R K E B S U F E R O I
C Q U T E R Y O S U H E V N
G R B S U V A W Y I K S L G
B O R D K E T E N V E E E R
P X O F E E D X T O H R E E
P V O P N R S V S E G V S D
S I D J X S U K A D K E Q I
D A T O E T J E A S M R P Ë
K I P T C E G U Z E E I M N
B A C N I R K O M L S N E T
Y T E S Y G J U W H U G N E
A L L E R G I E B Y R T U N
```

ALLERGIE	INGREDIËNTEN
KOFFIE	ETEN
SERVEERSTER	MENU
VLEES	BROOD
KASSIER	BORD
VOEDSEL	PITTIG
KOM	KIP
MES	RESERVERING
KEUKEN	SAUS
TOETJE	SERVET

25 - Fantascienza

```
O F N H F C S O B M U U L T
L I T A L N G T E R Q U N F
M Y S T E R I E U S A Z D Q
K T W O K Q M E J I L N S T
P S G O U T O P I E A B D E
R L V M B I O S C O O P Z C
T O A F A N T A S T I S C H
O X B N U H H W E R E L D N
R W O O E X T R E E M Y J O
A O E S T E U I Q L X S S L
K B K D Y S T O P I E E Q O
E R E A L I S T I S C H H G
L O N S C E N A R I O J N I
I L L U S I E X P L O S I E
```

ATOOM

BIOSCOOP

DYSTOPIE

EXPLOSIE

EXTREEM

FANTASTISCH

BRAND

ILLUSIE

BOEKEN

MYSTERIEUS

WERELD

ORAKEL

PLANEET

REALISTISCH

ROBOTS

SCENARIO

TECHNOLOGIE

UTOPIE

26 - Città

```
G  Y  G  C  A  S  T  B  S  C  H  O  O  L
K  A  J  F  E  B  I  O  S  C  O  O  P  S
L  U  L  W  S  U  P  E  R  M  A  R  K  T
I  N  S  E  S  C  Z  K  L  B  A  N  K  B
N  I  N  N  R  V  T  H  U  N  P  T  L  L
I  V  R  W  C  I  E  A  C  V  O  H  K  O
E  E  Y  I  C  J  J  N  H  O  T  E  L  E
K  R  M  A  R  K  T  D  T  I  H  A  K  M
C  S  A  Z  H  O  W  E  H  G  E  T  Z  I
Y  I  P  B  Q  E  I  L  A  N  E  E  N  S
S  T  A  D  I  O  N  O  V  U  K  R  Q  T
B  E  H  M  B  A  K  K  E  R  I  J  E  W
D  I  F  A  F  N  E  Z  N  Z  U  V  W  L
P  T  H  A  Q  X  L  M  U  S  E  U  M  U
```

LUCHTHAVEN	MARKT
BANK	MUSEUM
BIOSCOOP	WINKEL
KLINIEK	BAKKERIJ
APOTHEEK	SCHOOL
BLOEMIST	STADION
GALERIJ	SUPERMARKT
HOTEL	THEATER
BOEKHANDEL	UNIVERSITEIT

27 - Virtù #1

```
G  P  J  F  A  F  G  S  C  H  O  O  N  N
O  V  A  F  E  R  N  U  N  X  D  D  N  I
E  R  R  T  O  D  T  I  L  L  B  P  V  E
D  U  K  L  I  M  E  I  C  E  E  O  V  U
W  I  J  S  C  Ë  O  V  S  B  S  N  U  W
S  B  F  Q  B  A  N  Z  R  T  L  H  A  S
G  R  A  P  P  I  G  T  T  E  I  I  C  G
B  E  S  C  H  E  I  D  E  N  S  E  N  I
E  F  F  I  C  I  Ë  N  T  S  S  A  K  E
B  C  I  N  T  E  L  L  I  G  E  N  T  R
P  R  A  K  T  I  S  C  H  W  N  D  E  I
C  H  A  R  M  A  N  T  D  Q  D  J  Q  G
G  E  P  A  S  S  I  O  N  E  E  R  D  U
B  E  T  R  O  U  W  B  A  A  R  E  Z  F
```

CHARMANT
BETROUWBAAR
GEPASSIONEERD
ARTISTIEK
GOED
NIEUWSGIERIG
BESLISSEND
GRAPPIG

EFFICIËNT
GUL
INTELLIGENT
BESCHEIDEN
PATIËNT
PRAKTISCH
SCHOON
WIJS

28 - Compleanno

```
O  C  I  P  L  E  Z  I  E  R  U  K  X  U
P  A  M  H  M  S  J  I  X  I  C  T  W  I
F  K  X  P  H  V  R  I  E  N  D  E  N  T
G  E  L  U  K  K  I  G  R  O  O  T  G  N
B  L  I  J  K  K  G  E  B  O  R  E  N  O
L  L  E  H  V  A  A  A  R  S  P  C  X  D
J  M  D  Z  U  B  A  L  U  I  C  G  D  I
T  I  J  D  T  J  B  R  E  H  N  D  R  G
O  G  V  A  J  A  A  R  S  N  G  G  R  I
W  I  J  S  H  E  I  D  D  E  D  W  H  N
G  E  S  C  H  E  N  K  A  J  N  E  S  G
T  D  T  W  J  P  W  V  G  O  E  L  R  E
Q  Z  T  K  A  A  R  T  E  N  B  G  N  N
S  P  E  C  I  A  A  L  U  G  K  N  K  O
```

VRIENDEN	DAG
JAAR	JONG
KALENDER	GROOT
KAARSEN	UITNODIGINGEN
LIED	GEBOREN
KAARTEN	GESCHENK
VIERING	WIJSHEID
PLEZIER	SPECIAAL
GELUKKIG	TIJD
BLIJ	CAKE

29 - Fattoria #1

```
G O O W L T L H O N I N G L
P W P R A E Q O Q R C U N L
Z M B Z N T G N E L I R P P
J E K U D D E D P X S J A G
A K A O B E I R R P H K S K
V E L D O Z T V M S K I P T
H P F Y U E Q N A D A Y A X
E U E Z W L U Z N R T A A P
K J M F T B N J V R K X R J
O A A P R A E G L P H E D R
E X M P R E R V Y V F O N C
Z A D E N S V B I M E S T Z
I B I J D U G H U Y H O O I
X N F Z D K W U Z B R S J C
```

WATER
LANDBOUW
BIJ
EZEL
VELD
HOND
GEIT
PAARD
MEST
HOOI

KAT
KUDDE
VARKEN
HONING
KOE
KIP
HEK
RIJST
ZADEN
KALF

30 - Paesaggi

```
Z M W G L E T S J E R U T D
E M O E R A S S W S L R V B
E H E W F O N S J C I I U E
I Y S A O C T F D H D V L R
J O T T X E T V H I A I K G
S Q I E G A O A S E T E A K
B A J R E A E L T R U R A B
E B N V I N N L R E B V N E
R I O A S Y D E A I W G E A
G Y L L E I R I N L V I L L
G G X A R Z A N D A M E E R
E P K F N Y U O B N G I K P
L F H T P D E K V D H F V T
Q S L N Z T R C T O C U V G
```

WATERVAL   ZEE
HEUVEL   BERG
WOESTIJN   OASE
RIVIER   OCEAAN
GEISER   MOERAS
GLETSJER   SCHIEREILAND
GROT   STRAND
IJSBERG   TOENDRA
EILAND   VALLEI
MEER   VULKAAN

31 - Ristorante #2

```
E  I  E  R  E  N  D  J  V  F  R  U  I  T
D  S  L  Y  H  D  R  Z  O  U  T  G  Z  W
K  I  A  K  B  J  A  N  O  H  C  R  K  H
A  S  N  L  Z  Q  N  W  R  V  Z  O  M  Z
O  X  W  E  A  I  K  A  G  O  U  E  M  A
K  M  M  N  R  D  J  U  E  R  V  N  H  S
A  W  Z  H  S  C  E  S  R  K  I  T  Z  W
K  M  R  S  O  O  H  X  E  N  S  E  B  E
I  L  X  T  E  B  R  C  C  F  S  I  W  D
X  N  D  O  P  E  T  E  H  L  U  N  C  H
O  S  C  E  A  R  W  A  T  E  R  B  D  T
T  K  A  L  E  P  E  L  J  B  I  N  O  N
S  J  K  H  E  E  R  L  I  J  K  Y  S  A
S  P  E  C  E  R  I  J  E  N  I  L  B  R
```

WATER	SALADE
VOORGERECHT	SOEP
DRANK	VIS
OBER	LUNCH
DINER	ZOUT
LEPEL	STOEL
HEERLIJK	SPECERIJEN
VORK	CAKE
FRUIT	EIEREN
IJS	GROENTE

32 - Giardino

```
H A R K P M D W Z Q Y J O B
A M B V F H I E G D O K B O
N T I M S L A N G J E S L O
G O W E T E R R A S J E O M
M V X T R A M P O L I N E G
A W W R U D A G B O O M M A
T R F T I S S G A R A G E A
H L H E K Z V K N Z B N X R
R O N K R U I D K C O O O D
G R A S D T J L V Q D N U S
S C H O P U V M M V E S Y T
K E T W J I E O G V M Z V S
S F V P P N R M J Z W S D N
T G R F W I J N S T O K B C
```

BOOM
HANGMAT
STRUIK
GRAS
ONKRUID
BLOEM
BOOMGAARD
GARAGE
TUIN
SCHOP

BANK
GAZON
HARK
HEK
VIJVER
BODEM
TERRAS
TRAMPOLINE
SLANG
WIJNSTOK

33 - Frutta

```
H  G  F  N  R  U  B  A  N  A  A  N  V  T
J  Y  R  N  O  E  E  K  E  R  S  B  J  W
R  R  A  P  P  E  L  Y  C  G  C  R  F  Y
X  B  M  C  B  E  Z  Q  T  Y  V  H  G  T
R  A  B  C  P  X  X  Q  A  N  A  N  A  S
A  V  O  C  A  D  O  H  R  C  B  S  C  D
B  R  O  M  P  E  R  Z  I  K  R  N  I  R
P  E  S  M  A  N  G  O  N  Q  I  B  T  U
R  E  S  T  J  B  B  L  E  U  K  R  R  I
U  L  E  I  A  K  I  W  I  W  O  A  O  F
I  H  B  R  M  E  L  O  E  N  O  A  E  M
M  T  O  S  A  N  J  A  U  Z  S  M  N  U
R  R  O  R  A  N  J  E  P  Q  O  C  Y  W
R  S  I  O  H  I  B  S  K  H  Z  B  P  Y
```

ABRIKOOS	MANGO
ANANAS	APPEL
ORANJE	MELOEN
AVOCADO	BRAAM
BES	NECTARINE
BANAAN	PAPAJA
KERS	PEER
KIWI	PERZIK
FRAMBOOS	PRUIM
CITROEN	DRUIF

34 - Fattoria #2

```
M M O E P P T B D T H T A B
A E G E R S T O Y E T A G I
Ï L F E I M U E N T C L C J
S K J N P I R R I G A T I E
D L U D T R A C T O R E H N
I G A N Z E N V I G R T P K
E Y O M B O O M G A A R D O
R S C H A A P P J U K V S R
E H F R U I T W K Q R U C F
N R Q J O I A A E L R L H G
G M D W F Z R Q X I Y A U P
H E R D E R W F A O D M U O
I F D Q V Y E S R T B E R L
P K U D A G U V O E D S E L
```

LAM

BOER

BIJENKORF

EEND

DIEREN

VOEDSEL

SCHUUR

FRUIT

BOOMGAARD

TARWE

IRRIGATIE

LAMA

MELK

MAÏS

GANZEN

GERST

HERDER

SCHAAP

WEIDE

TRACTOR

35 - Dinosauri

```
R E P T I E L C V Q V H H T
D R X C D S T A A R T V V G
W H K P N A E R F L M M L R
V E R D W I J N I N G A E O
E R A G S H V I O L O M U O
V B C R O R M V M R G M G T
O I H O O O B O N X M O E T
L V T O R O O O I P O E L E
U O I T T F S R V Y R T S X
T O G S Z V A F O N T O V T
I R T P U O O A O D R S O Z
E I F T J G H F R G H S P I
F O S S I E L E N D Y Z C I
Z O R V G L L Y D Q E X L D
```

VLEUGELS	OMNIVOOR
CARNIVOOR	KRACHTIG
STAART	PROOI
ENORM	ROOFVOGEL
HERBIVOOR	REPTIEL
EVOLUTIE	VERDWIJNING
FOSSIELEN	SOORT
GROOT	GROOTTE
MAMMOET	AARDE

36 - Verdure

```
S A U B E R G I N E T Z Z S
E P I X R B R O C C O L I A
L A I O X Q B C R P M F A L
D D A N R J G Q A O A Y U A
E D K R A A P T D M A P B D
R E X N T Z V O I P T E T E
I S N D O I I V J O N T E K
J T F W L F S E S E Q E J I
B O C S C P L J S N T R S R
G E M B E R O O O H X S J P
E L H G R Y S L O K V E A V
J D F D E R W T D K W L L V
K O M K O M M E R E T I O R
W O R T E L R Q B D Z E T I
```

KNOFLOOK
BROCCOLI
ARTISJOK
WORTEL
KOMKOMMER
UI
PADDESTOEL
SALADE
AUBERGINE
ERWT

TOMAAT
PETERSELIE
RAAP
RADIJS
SJALOT
SELDERIJ
SPINAZIE
GEMBER
POMPOEN

37 - Scuola #2

```
G K A L E N D E R L D F I K
L A I I R A X B S I K C G N
E T M B I B L I O T H E E K
Z J E E I C M R W E W L A W
E I W O S C H A A R K B G O
N Q E R U G Z A K A W E U O
O L T P A P I E R T I Z N R
P X E O E O E T G U S G K D
A I N T C F C R F U K P C E
B U S L E R A A R R U T M N
L W C O M P U T E R N T H B
S C H O E N E N E A D H Y O
N X A D F S N U C V E S D E
X Q P A C A D E M I S C H K
```

ACADEMISCH
BUS
BIBLIOTHEEK
KALENDER
PAPIER
COMPUTER
WOORDENBOEK
SCHAAR
GAMES

LERAAR
LITERATUUR
LEZEN
BOEKEN
WISKUNDE
POTLOOD
SCHOENEN
WETENSCHAP
RUGZAK

38 - Barbecue

```
T O M A T E N H R R P P L Z
Q Z O M E R V O E D S E L N
E M Z A E B Q R Y N F I D M
H V H T S S D K M U Z I E K
M H C U B A S Y G J N D P F
W F A M I L I E X N S K R M
S L Z O U A D I N E R A S M
U I T N O D I G I N G V U E
Y E F K C E R K I P R W T S
L W E V S S S N S E I H Y H
M U W P G A M E S P L C X T
F I N Z O U T A Y E L R L J
D E N C M U O G F R U I T G
K N K H H E E T H O N G E R
```

HEET	GRILL
DINER	SALADES
VOEDSEL	UITNODIGING
UIEN	MUZIEK
MESSEN	PEPER
ZOMER	KIP
HONGER	TOMATEN
FAMILIE	LUNCH
FRUIT	ZOUT
GAMES	SAUS

39 - Riempire

```
E  D  J  T  P  P  G  W  R  P  D  P  W  R
K  R  A  T  J  E  A  H  A  M  I  G  O  D
C  B  S  H  F  R  E  K  Z  R  E  E  X  S
Y  X  U  B  L  A  D  E  J  Y  N  L  S  T
O  V  I  I  E  O  V  F  C  E  B  L  A  D
E  V  A  T  S  K  X  U  W  N  L  C  V  O
M  A  P  W  J  A  D  O  O  V  A  A  N  O
M  A  Y  B  K  R  D  B  B  E  D  W  N  S
E  S  N  F  Y  T  Z  E  G  L  X  Y  L  B
R  D  F  D  Z  O  U  K  B  O  U  V  X  O
B  Y  N  I  V  N  X  K  K  P  X  D  O  J
U  Z  V  W  C  L  F  E  T  T  I  F  I  S
P  K  O  F  X  G  U  N  U  D  G  C  S  R
K  L  Z  A  K  Q  K  O  F  F  E  R  L  L
```

BEKKEN	MAND
VAT	PAKJE
ZAK	DOOS
FLES	EMMER
ENVELOP	BUIS
MAP	KOFFER
KARTON	VAAS
KRAT	DIENBLAD
LADE	

40 - Insetti

```
P F D U K E V E R T F S B Z
S P R I N K H A A N M R I G
K A K K E R L A K M U G D D
V L I N D E R T P K A Q S R
M S W G S L J E K M A D P T
M B M C Y W O R M X O K R H
M P K Z C Y C M J N X Q I V
O B L A D L U I S I G M N M
T K I N A W V E C L U B K F
F A J J A X L T P A H B H P
M I E R R W I Z X R D W A M
H O R Z E L B Y D V O E A Z
N P M F N H E Q I E C S N L
Z V H V L O L D A D B P F M
```

BLADLUIS
BIJ
HORZEL
SPRINKHAAN
CICADE
KEVER
MOT
VLINDER
MIER

LARVE
LIBEL
BIDSPRINKHAAN
VLO
KAKKERLAK
TERMIET
WORM
WESP
MUG

41 - Erboristeria

```
B Z L U V O M Y D Y F M A C
A L G A W B A G R K A A R U
S Q O J V S Z N A S Z R O L
I B W E P E O W G H Y J M I
L Z Q D M T N U O K P O A N
I D U L I M U D N W F L T A
C X M M I L W M E A M E I I
U Z R D F E L V G L U I S R
M V E N K E L E S I N N C I
Q O R E G A N O M T T N H P
P E T E R S E L I E I G I B
X U U W O P P M W I J P R H
Z A I H E M G M Q T M A J N
X T N I N G R E D I Ë N T O
```

DILLE
AROMATISCH
BASILICUM
CULINAIR
DRAGON
VENKEL
BLOEM
TUIN
INGREDIËNT

LAVENDEL
MARJOLEIN
MUNT
OREGANO
PETERSELIE
KWALITEIT
TIJM
GROEN

42 - Danza

```
C J T U C L V I S U E E L C
T U H O U D I N G E J Y I H
R M L B L I J P K B T K T O
A E K T T B E W E G I N G R
D C W V U G E N A D E S R E
I U A A R U A K U P I P E O
T P P D E I R I T M E R P G
I L A M E J N Z V U M I E R
O I R O L M W M Y Z O N T A
N C T H A L I O A I T G I F
E H N V C H Y E K E I E T I
E A E T F T C E M K E N I E
L A R D E X P R E S S I E F
Z M K L A S S I E K U N S T
```

ACADEMIE
KUNST
KLASSIEK
PARTNER
CHOREOGRAFIE
LICHAAM
CULTUUR
CULTUREEL
EMOTIE
EXPRESSIEF

BLIJ
GENADE
BEWEGING
MUZIEK
HOUDING
REPETITIE
RITME
SPRINGEN
TRADITIONEEL
VISUEEL

43 - Commedia

```
A  G  Y  F  T  D  Z  A  G  E  L  A  C  H
C  R  L  F  E  U  N  I  R  C  S  P  G  M
T  A  F  S  L  X  N  M  A  E  O  P  P  J
E  P  G  T  E  Y  P  P  P  P  Q  L  L  F
U  P  P  H  V  G  Z  R  P  O  S  A  E  Z
R  I  Y  E  I  V  W  O  E  W  U  U  Z  I
A  G  T  A  S  U  E  V  N  S  O  S  I  G
P  C  G  T  I  R  K  I  S  S  S  Z  E  X
U  L  T  E  E  P  R  S  Q  F  R  I  R  L
B  O  G  R  N  U  P  A  R  O  D  I  E  S
L  W  Z  U  I  R  D  T  H  U  M  O  R  F
I  N  N  W  I  C  E  I  I  S  V  N  F  D
E  S  L  I  M  T  E  E  N  P  D  B  I  Q
K  S  C  B  M  B  O  S  M  S  A  D  D  V
```

APPLAUS
ACTEUR
ACTRICE
CLOWNS
GRAPPIG
PLEZIER
EXPRESSIEF
GENRE
IMPROVISATIE

SLIM
PARODIE
PUBLIEK
GELACH
GRAPPEN
THEATER
TELEVISIE
HUMOR

44 - Scuola #1

```
L L N S J O T P K S T O E L
U U L E R A A R L Z Q R Q M
P B N Z R L N S A E G T U A
A K K C H F W H S F Z B I R
P Q W E H A D P L H C I Z K
I U B Q B B O K O T I B E E
E M A P P E N K K X J L X R
R G E F P T N U A J F I A I
D E H X B U R E A U E O M N
P O T L O O D R L H R T E G
N H P E N N E N D I S H N E
I G G C B G N K N M X E S N
V R I E N D E N E B B E U I
W I S K U N D E B N P K I O
```

ALFABET
VRIENDEN
KLASLOKAAL
BIBLIOTHEEK
PAPIER
MAPPEN
PLEZIER
EXAMENS
LERAAR
BOEKEN

MARKERINGEN
WISKUNDE
POTLOOD
CIJFERS
PENNEN
LUNCH
QUIZ
BUREAU
STOEL

45 - Fiori

```
J  I  Q  C  R  A  O  M  P  H  Z  M  P  H
A  Y  Z  C  Y  A  G  O  A  R  H  A  E  I
S  X  X  G  N  M  R  N  S  O  Z  D  B  B
M  S  O  A  L  W  J  M  S  O  O  E  L  I
I  N  A  R  C  I  S  A  I  S  N  L  O  S
J  B  C  D  C  C  L  D  E  U  N  I  E  C
N  L  B  E  W  H  Z  A  B  F  E  E  M  U
M  A  G  N  O  L  I  A  L  G  B  F  B  S
G  Y  L  I  V  R  X  D  O  M  L  J  L  K
P  A  P  A  V  E  R  H  E  L  O  E  A  E
K  L  A  V  E  R  K  R  M  E  E  D  D  Q
P  L  U  M  E  R  I  A  U  O  M  L  U  X
B  X  D  E  Z  B  O  E  K  E  T  Z  I  Z
L  A  V  E  N  D  E  L  J  D  E  N  V  E
```

GARDENIA	BOEKET
JASMIJN	NARCIS
LELIE	ORCHIDEE
ZONNEBLOEM	PAPAVER
HIBISCUS	PASSIEBLOEM
LAVENDEL	BLOEMBLAD
LILA	PLUMERIA
MAGNOLIA	ROOS
MADELIEFJE	KLAVER

46 - Ecologia

```
V B N Z G B J F M O E R A S
E N A W M U K L I M A A T N
G Q T F L Q S O O R T F O A
E O U S A V A R I Ë T E I T
T D U B K U H A B I T A T U
A V R X Q W N Q M E G Q Y U
T L L O I S R A A U R O J R
I X I K O Q A M R L E G D B
E B J M W G I Y I V Q L E F
T I K X N S T U N Y A O H N
P L A N T E N E I Y W B L U
D U U R Z A A M E R M A Q V
Y N U S V L Q B R S M A O F
O V E R L E V I N G F L A H
```

KLIMAAT
FAUNA
FLORA
GLOBAAL
HABITAT
MARINIER
BERGEN
NATUUR
NATUURLIJK

MOERAS
PLANTEN
DROOGTE
OVERLEVING
DUURZAAM
SOORT
VARIËTEIT
VEGETATIE

47 - Discipline Scientifiche

```
B C H E M I E F A A N I V F
T I A H C E F Q N S E T G Y
M A O S V I Z M A T U I Z S
E E A C L K X C T R R M E I
C C T L H T A O O O O M O O
H O X E K E U E M N L U Y L
A L N X O U M F I O O N V O
N O V I T R N I E M G O O G
I G D R D E O D E I I L E I
C I U Z A X J L E E E O D E
A E F A R C H E O L O G I E
B I O L O G I E T G M I N M
S O C I O L O G I E I E G V
P S Y C H O L O G I E E O H
```

ANATOMIE	IMMUNOLOGIE
ARCHEOLOGIE	TAALKUNDE
ASTRONOMIE	MECHANICA
BIOCHEMIE	METEOROLOGIE
BIOLOGIE	NEUROLOGIE
CHEMIE	VOEDING
ECOLOGIE	PSYCHOLOGIE
FYSIOLOGIE	SOCIOLOGIE

48 - Scienza

```
Z W A A R T E K R A C H T G
S L I S L H M G K H R K J E
X M M R J D E E L T J E S G
N A T U U R T A I K X T M E
E O T Q B Q H T M F E I T V
C F C V G J O O A Q M I O E
S C G E Z M D O A Y Q L R N
E L S V C D E M T L J Q G S
L A B O R A T O R I U M A B
J M O L E C U L E N Z X N Z
S I I U C H E M I S C H I L
N N A T U U R K U N D E S W
N E M I N E R A L E N O M A
E X P E R I M E N T X Q E I
```

ATOOM
CHEMISCH
KLIMAAT
GEGEVENS
EXPERIMENT
EVOLUTIE
FEIT
NATUURKUNDE

ZWAARTEKRACHT
LABORATORIUM
METHODE
MINERALEN
MOLECULEN
NATUUR
ORGANISME
DEELTJES

49 - Acqua

```
O  R  B  F  Q  A  Z  U  P  E  A  O  K  D
C  I  J  L  K  S  W  U  K  L  Z  V  F  R
E  V  E  R  D  A  M  P  I  N  G  E  G  I
A  I  I  J  S  O  V  I  J  H  B  R  E  N
A  E  D  D  Y  W  X  O  L  C  C  S  I  K
N  R  M  B  D  Q  O  I  R  Q  Y  T  S  B
T  K  O  M  O  N  V  R  Y  S  W  R  E  A
S  N  E  E  U  W  O  R  K  X  T  O  R  A
L  R  S  E  C  S  C  I  U  A  D  M  K  R
K  E  S  R  H  T  H  G  T  V  A  I  A  T
E  G  O  G  E  O  T  A  I  E  Y  N  N  M
A  E  N  H  S  O  I  T  R  E  B  G  A  B
C  N  G  U  G  M  G  I  F  G  J  J  A  I
N  B  X  G  O  L  V  E  N  Y  E  V  L  J
```

OVERSTROMING	MOESSON
KANAAL	SNEEUW
DOUCHE	OCEAAN
VERDAMPING	GOLVEN
RIVIER	REGEN
VORST	DRINKBAAR
GEISER	VOCHTIG
IJS	ORKAAN
IRRIGATIE	STOOM
MEER	

50 - Gatti

```
U Y L S K R H K X O Y Y P I
E Q M N T L A A Q N J H V J
S R V E G A A D X A M U I S
S T B L A K A U M F Q X Z A
T K X S R M S R W H L T T I
H V L P E O L R T A J W V K
R E M E N P A U I N P O O T
D H Z E I D A U F K G E K H
L C V L M N P I K E X T U I
N T O S C B O N T L J E D I
G R A P P I G I J I A X V Z
C O W I L D L I Z J G S H N
I V E R L E G E N K E R K O
Z N I E U W S G I E R I G I
```

KLAUW
JAGER
STAART
NIEUWSGIERIG
GRAPPIG
SLAAP
GAREN
SPEELS
ONAFHANKELIJK

GEK
BONT
KLEIN
WILD
VERLEGEN
MUIS
SNEL
POOT

51 - Surf

```
O N F O B I Y H K X Z E O E
A U V I H I S P R A Y P F I
S S S H N P G O A Z G O S Q
N T V Q U L D Z C W E P B Y
E M I W G E O U H E K U E P
L E A J N Z G K T M A L G E
H N F A L I D A Z M M A I D
E I B A G E Q V Y E P I N D
I G B W P R I F T N I R N E
D T E X T R E E M Z O R E L
G E K S T R A N D W E E R E
O A T L E E T F S P N H W N
L Z H V P F F B S C H U I M
F S J B B D M W X R U I S A
```

ATLEET	PEDDELEN
KAMPIOEN	POPULAIR
PLEZIER	BEGINNER
EXTREEM	SCHUIM
MENIGTE	RIF
KRACHT	STRAND
WEER	SPRAY
ZWEMMEN	STIJL
OCEAAN	MAAG
GOLF	SNELHEID

52 - Imbarcazioni

```
N Q R Q O M I R D J O X E C
A K T B R K T I P G O E I M
U K U U A T T V R V D L P X
T Q A A M S Z I V Z B E K D
I U T N K Y V E E R B O O T
S R I K O G U R E B I B E R
C Q J E Q O Y W M K M M K I
H O Q R S L T N O C E A A N
O M J U N V L O T X E S J I
H T U X H E R B O U R T A N
C J R P O N Q X R J D L K B
V U L B E M A N N I N G S G
J A C H T W M A T R O O S F
Z E I L B O O T O U W S K X
```

MAST	ZEE
ANKER	TIJ
ZEILBOOT	MATROOS
BOEI	MOTOR
KANO	NAUTISCH
TOUW	OCEAAN
BEMANNING	GOLVEN
RIVIER	VEERBOOT
KAJAK	JACHT
MEER	VLOT

53 - Api

```
V K E D I H D O B E L D F B
B O C Z O N O B M X E P D I
L N O D K D S N R Q V S L J
O I S R Q P J E I U E Z P E
E N Y B D J V H C N Z T S N
S G S L V E W A S T G D T K
E I T O L R L B R O O K U O
M N E E E V P I X K P Z I R
J N E M U O E T G W K W F F
Q K M E G E F A H B O E M R
T U I N E D R T W E I R E U
M Y D R L S L H B L H M E I
L T T T S E J V V M M A L T
E W R Y W L P L A N T E N P
```

VLEUGELS
BIJENKORF
VOORDELIG
WAS
VOEDSEL
ECOSYSTEEM
BLOEMEN
BLOESEM
FRUIT
ROOK

TUIN
HABITAT
INSECT
HONING
PLANTEN
STUIFMEEL
KONINGIN
ZWERM
ZON

54 - Conservazione

```
R  P  V  G  E  Z  O  N  D  H  E  I  D  N
E  E  E  O  E  E  J  F  K  E  K  U  H  W
C  S  R  V  E  E  V  G  L  C  O  J  H  R
Y  T  A  G  R  O  E  N  I  A  J  V  M  O
C  I  N  O  D  M  R  F  M  S  F  T  N  X
L  C  D  R  U  I  M  H  A  B  I  T  A  T
E  I  E  G  U  L  I  W  A  T  E  R  T  H
R  D  R  A  R  I  N  Y  T  O  T  G  U  L
E  E  I  N  Z  E  D  U  U  L  S  J  U  U
N  S  N  I  A  U  E  Z  O  R  G  Z  R  Z
B  M  G  S  A  Q  R  P  F  T  K  D  L  L
B  W  E  C  M  A  E  V  L  H  X  D  I  X
K  I  N  H  M  O  N  D  E  R  W  I  J  S
E  E  C  O  S  Y  S  T  E  E  M  S  K  T
```

WATER
MILIEU
VERANDERINGEN
FIETS
KLIMAAT
ECOSYSTEEM
ONDERWIJS
HABITAT
NATUURLIJK

ORGANISCH
PESTICIDE
ZORG
RECYCLEREN
VERMINDEREN
GEZONDHEID
DUURZAAM
GROEN

55 - Strumenti Musicali

```
M E L X G D G E P Y I X L B
S O C Q O S I B V I O O L A
L A N N N G T A T Y A K K N
N J X D G U A U I H Q N P J
W F T O H R A Y C N H X O O
M C R C F A R T R O M P E T
P E O O I R D H A R P E F
T L M B G Q O M A R I M B A
R L B I D R N O O X T H G
O O O E F F F K J N C B O O
M A N D O L I N E I I G B T
M P E R C U S S I E Y C O K
E L O R E I Y O W A G G A T
L Y S K I T K L A R I N E T
```

MONDHARMONICA
HARP
BANJO
GITAAR
KLARINET
FAGOT
FLUIT
GONG
MANDOLINE
MARIMBA

HOBO
PERCUSSIE
PIANO
SAXOFOON
TROMMEL
TROMPET
TROMBONE
VIOOL
CELLO

56 - Professioni #2

```
F  C  H  I  R  U  R  G  A  G  E  W  F  D
W  O  P  O  L  A  X  B  R  P  E  R  I  E
I  V  T  P  I  J  S  D  T  I  I  J  L  T
N  H  L  O  N  N  X  T  S  L  L  O  O  E
G  Q  I  I  G  E  H  L  R  O  N  U  S  C
E  D  M  K  U  R  P  E  B  O  E  R  O  T
N  S  C  F  Ï  P  A  R  N  T  N  N  O  I
I  L  L  U  S  T  R  A  T  O  R  A  F  V
E  U  C  B  T  A  C  A  F  R  Y  L  U  E
U  Z  T  A  N  D  A  R  T  S  Y  I  V  T
R  U  I  T  V  I  N  D  E  R  L  S  W  K
O  N  D  E  R  Z  O  E  K  E  R  T  Y  J
C  W  T  T  U  I  N  M  A  N  S  I  H  C
S  C  H  I  L  D  E  R  D  M  X  V  O  V
```

BOER	ILLUSTRATOR
ASTRONAUT	INGENIEUR
CHIRURG	LERAAR
TANDARTS	UITVINDER
DETECTIVE	LINGUÏST
FILOSOOF	ARTS
FOTOGRAAF	PILOOT
TUINMAN	SCHILDER
JOURNALIST	ONDERZOEKER

57 - Letteratura

```
A N A L Y S E T H Y P W B Z
U K P S D G I S H R T A I K
T V O T H I E U S E T U O M
E E Ë I I C H C N B M G G E
U R T J R O M A N A N A R T
R G I L I N G N R K S U A A
W E S H J C M E N I N G F F
I L C H M L G K D N T N I O
L I H T X U V D I I Q M E O
T J V L Q S S O A B C S E R
B K Y G L I R T L B M H P N
O I D E Z E Q E O O P S T I
A N A L O G I E O Q D F M X
A G G E N R E W G X H Q E J
```

ANALYSE	METAFOOR
ANALOGIE	MENING
ANEKDOTE	GEDICHT
AUTEUR	POËTISCH
BIOGRAFIE	RIJM
CONCLUSIE	RITME
VERGELIJKING	ROMAN
DIALOOG	STIJL
GENRE	THEMA

58 - Cibo #2

Y	C	K	P	C	L	B	R	O	O	D	A	B	L
O	V	A	A	H	D	R	U	I	F	K	U	C	P
G	U	A	D	O	Q	O	H	Z	B	K	B	E	T
H	U	S	D	C	R	C	K	A	C	I	E	O	Z
U	K	F	E	O	I	C	B	E	M	W	R	L	P
R	L	Z	S	L	J	O	A	L	R	I	G	Z	F
T	M	N	T	A	S	L	N	V	K	S	I	E	V
M	U	V	O	D	T	I	A	Q	C	Q	N	A	I
B	P	O	E	E	O	Q	A	P	A	N	E	O	S
X	E	Y	L	Z	M	C	N	Y	P	W	C	K	H
E	W	A	G	A	A	S	E	L	D	E	R	I	J
I	M	N	J	X	A	S	U	O	V	H	L	P	X
W	A	U	F	F	T	H	Q	R	G	H	X	Y	G
N	D	T	R	T	A	R	W	E	H	E	K	B	X

BANAAN   BROOD
BROCCOLI   VIS
KERS   KIP
CHOCOLADE   TOMAAT
KAAS   HAM
PADDESTOEL   RIJST
TARWE   SELDERIJ
KIWI   EI
APPEL   DRUIF
AUBERGINE   YOGHURT

59 - Nutrizione

```
E C K O O L H Y D R A T E N
E A S W E V I T A M I N E E
T L J S A U S M A A K F Y R
L O S E J L B G E W I C H T
U R X P W P I Y A U P Q V X
S I D I E E T T B E U W O C
T E V L N C T G E Z O N D O
G Ë S P X E E I W I T T E N
A N A R W T R R L N T B F I
H O P E V E N W I C H T I G
E E T B A A R K W J G K H Z
G E Z O N D H E I D E R H V
F E R M E N T A T I E N S X
V O E D I N G S S T O F J D
```

BITTER	GEWICHT
EETLUST	EIWITTEN
EVENWICHTIG	KWALITEIT
CALORIEËN	SAUS
KOOLHYDRATEN	GEZONDHEID
EETBAAR	GEZOND
DIEET	SPECERIJEN
FERMENTATIE	TOXINE
SMAAK	VITAMINE
VOEDINGSSTOF	

60 - Matematica

```
P  D  D  X  J  R  O  M  T  R  E  K  Z  U
A  G  I  R  E  K  E  N  K  U  N  D  I  G
R  H  A  V  P  D  E  C  I  M  A  A  L  H
A  H  M  V  I  D  I  N  H  S  O  M  D  O
L  L  E  O  I  S  X  H  Y  T  O  G  V  E
L  O  T  L  G  E  I  G  D  E  H  E  A  K
E  O  E  U  M  Z  R  E  S  X  H  O  A  E
L  D  R  M  Z  H  C  K  Q  P  I  M  E  N
D  R  I  E  H  O  E  K  A  O  N  E  S  K
V  E  E  L  H  O  E  K  G  N  L  T  Y  S
I  C  A  O  H  S  Y  M  M  E  T  R  I  E
U  H  F  R  A  C  T  I  E  N  G  I  Y  I
S  T  R  A  A  L  O  N  R  T  H  E  T  Y
V  E  R  G  E  L  I  J  K  I  N  G  L  Y
```

HOEKEN	OMTREK
REKENKUNDIG	LOODRECHT
DECIMAAL	VEELHOEK
DIAMETER	VIERKANT
DIVISIE	STRAAL
VERGELIJKING	RECHTHOEK
EXPONENT	SYMMETRIE
FRACTIE	SOM
GEOMETRIE	DRIEHOEK
PARALLEL	VOLUME

61 - Vacanza #1

```
J  K  A  N  M  Z  T  R  A  M  H  H  M  P
V  A  L  U  T  A  W  O  J  R  N  F  U  A
D  A  U  M  H  K  M  E  E  R  J  J  S  R
O  R  O  C  R  O  X  V  M  R  E  E  E  A
U  T  G  P  O  F  U  Z  T  M  I  U  U  P
A  J  A  S  U  F  R  C  L  L  E  S  M  L
N  E  V  L  I  E  G  T  U  I  G  N  T  U
E  G  J  P  Y  R  E  B  V  Z  Z  W  B  E
R  E  I  S  P  L  A  N  E  V  P  L  W  G
R  U  G  Z  A  K  I  U  R  Y  G  G  B  T
L  J  G  U  O  R  K  Q  T  X  N  V  I  C
M  A  A  X  J  P  W  S  R  O  E  H  U  J
C  M  Q  S  H  E  X  P  E  D  I  T  I  E
H  C  E  D  I  S  P  D  K  W  H  L  W  D
```

VLIEGTUIG	PARAPLU
AUTO	VERTREK
KAARTJE	EXPEDITIE
DOUANE	TRAM
REISPLAN	TOERIST
MEER	KOFFER
MUSEUM	VALUTA
ZWEMMEN	RUGZAK

62 - Meditazione

```
H N D A A N D A C H T N F M
E A A A N V A A R D I N G U
L T N M G A O D K A L M E Z
D U K M E D E D O G E N E I
E U B R L N E M O T I E S E
R R A F U S T I L T E A T K
H W A F K I A A G G Q A B D
E V R E D E U M A E D J E P
I M H O U D I N G L L Z W U
D I E O B S E R V A T I E C
G T I A D E M H A L I N G V
G E D A C H T E N C O S I E
P E R S P E C T I E F I N L
D P I Z U U L Z D N E F G U
```

AANVAARDING	BEWEGING
AANDACHT	MUZIEK
KALM	NATUUR
HELDERHEID	OBSERVATIE
MEDEDOGEN	VREDE
EMOTIES	GEDACHTEN
GELUK	HOUDING
DANKBAARHEID	PERSPECTIEF
MENTAAL	ADEMHALING
GEEST	STILTE

63 - Estate

```
B  H  Z  T  Q  L  Z  S  C  V  V  Y  O  M
O  E  E  H  I  P  S  T  E  R  R  E  N  U
E  R  E  R  U  K  E  R  W  I  I  V  T  Z
K  Y  E  M  I  I  X  A  Y  E  J  T  S  I
E  B  R  I  C  N  S  N  W  N  E  P  P  E
N  Z  G  C  S  T  N  D  K  D  T  Q  A  K
S  V  V  O  E  D  S  E  L  E  I  J  N  A
V  A  K  A  N  T  I  E  R  N  J  Z  N  M
R  S  K  T  A  U  D  D  S  I  D  Z  I  P
E  U  F  A  M  I  L  I  E  S  N  N  N  E
U  C  Z  Y  U  N  V  U  F  F  U  G  G  R
G  A  M  E  S  A  N  D  A  L  E  N  E  E
D  U  I  K  E  N  U  Y  P  L  J  K  Q  N
E  J  Q  V  J  T  N  Y  L  O  E  Y  R  G
```

VRIENDEN	ZEE
KAMPEREN	MUZIEK
HUIS	HERINNERINGEN
VOEDSEL	ONTSPANNING
FAMILIE	SANDALEN
TUIN	STRAND
GAMES	STERREN
VREUGDE	VRIJE TIJD
DUIKEN	VAKANTIE
BOEKEN	REIS

64 - Escursionismo

```
K A A R T O P F J E E X N N
Q A B E R G W G P C G W A G
R J M L E C T I E B E S T G
L X U P K Z Z M E L V D U I
W G A P E R V J X G A B U D
Z O N A I R A N K M R T R S
T W I L D I E R E N E R S E
R L A A R Z E N B J N R T N
E G M A K L I M A A T K E I
W V O O R B E R E I D I N G
I A K L I F Y P I B M O E E
Z W T P A R K E N J M F N Z
P V L E O R I Ë N T A T I E
A S D X R M Q S W V F M C X
```

WATER	GEVAREN
DIEREN	ZWAAR
KAMPEREN	STENEN
KLIMAAT	VOORBEREIDING
GIDSEN	KLIF
KAART	WILD
BERG	ZON
NATUUR	MOE
ORIËNTATIE	LAARZEN
PARKEN	TOP

65 - Professioni #1

```
E N Z B D B U Y M H W E I E
V G A M B A S S A D E U R D
F B V X X N N U J X T B C I
T L K S M K W S P W E I A T
B P I A N I S T E Y N T R O
A P O T H E K E R R S R T R
K K S Y C R B E Z D C A O M
L O O D G I E T E R H I G U
J A D V O C A A T A A N R Z
M A S T R O N O O M P E A I
W W G E O L O O G J P R A K
J U W E L I E R O X E T F A
N O I A R T I E S T R W S N
V E R P L E E G S T E R Y T
```

TRAINER	EDITOR
AMBASSADEUR	APOTHEKER
ARTIEST	GEOLOOG
ASTRONOOM	JUWELIER
ADVOCAAT	LOODGIETER
DANSER	VERPLEEGSTER
BANKIER	MUZIKANT
JAGER	PIANIST
CARTOGRAAF	WETENSCHAPPER

66 - Antartide

```
G O S M M V S N W J W M Z M
B E H O U D V S Q A Z G H I
Z I O M G E V I N G T L T N
O L J G T N U H W F D E N E
A A W M R Z F T Y E Q T R R
X N O A I A A Q C H W S I A
L D L U D G F I J S J J Z L
N E K L F P R I S W O E K E
Z N E B A A I A E J D R P N
C O N T I N E N T A Q S W Z
H W S C H I E R E I L A N D
R O T S A C H T I G E K P Q
W A L V I S S E N X B F I G
O N D E R Z O E K E R P R K
```

WATER	IJS
OMGEVING	EILANDEN
BAAI	MIGRATIE
WALVISSEN	MINERALEN
BEHOUD	WOLKEN
CONTINENT	SCHIEREILAND
GEOGRAFIE	ONDERZOEKER
GLETSJERS	ROTSACHTIG

67 - Libri

```
J Q R G H I S T O R I S C H
G A X M S E N O R E P E T T
H A U T E U R V E R H A A L
S Q Y W R R G Q E K Y L X W
D U A L I T E I T N J H E D
C L E Z E R S L E V T P B N
O V C R B B C W E P C I J P
L G G A J F H L R V I H E U
L F R B F W R B Q O A S M F
E P O Ë Z I E V J A I N C E
C Z M Y F Y V A I I S V T H
T U A V X V E R T E L L E R
I P N A Y Q N C O N T E X T
E X Z Z A B T R A G I S C H
```

AUTEUR
COLLECTIE
CONTEXT
DUALITEIT
EPISCH
INVENTIEF
LEZER
VERTELLER

POËZIE
RELEVANT
ROMAN
GESCHREVEN
SERIE
VERHAAL
HISTORISCH
TRAGISCH

68 - Geografia

```
R  S  C  H  L  W  H  D  K  J  W  Y  N  M
E  T  H  O  R  A  E  N  E  H  E  R  U  F
G  A  R  O  N  N  N  I  K  S  S  F  X  Y
I  D  H  G  G  T  R  D  L  A  T  L  A  S
O  Z  H  T  G  M  I  L  A  A  E  O  M  W
W  E  R  E  L  D  G  N  B  A  N  K  E  N
B  E  Z  U  I  D  E  N  E  Z  E  D  R  K
C  K  F  I  H  V  W  U  R  N  N  N  I  A
W  O  T  G  G  I  F  G  G  C  T  O  D  A
L  E  N  G  T  E  G  R  A  A  D  O  I  R
G  R  O  N  D  G  E  B  I  E  D  R  A  T
H  A  L  F  R  O  N  D  O  N  N  D  A  F
Q  F  R  U  B  Z  R  B  B  X  D  E  N  C
H  S  R  I  V  I  E  R  T  J  Q  N  N  L
```

HOOGTE	MERIDIAAN
ATLAS	WERELD
STAD	BERG
CONTINENT	NOORDEN
HALFROND	WESTEN
RIVIER	LAND
EILAND	REGIO
LENGTEGRAAD	ZUIDEN
KAART	GRONDGEBIED
ZEE	

69 - Cibo #1

```
S P E E R O G Z W N D T V B
A A R D B E I S O M C O L A
L T P I G M B U R U I N E S
A K A N E E L I T N T I E I
D V U V R L J K E T R J S L
E U S R S K C E L X O N W I
L B L W T P S R H H E A J C
S P I N A Z I E G A N A Q U
E U Z J Y V A A U Z J U H M
T W I H Q Y E Q F A R D R A
Y A C P F I U V S A O A C G
I W U L W W Q G T N W Z A P
G T J A N K N O F L O O K P
U P N Y M A X R C L A M E D
```

KNOFLOOK   MUNT
BASILICUM   GERST
KANEEL   PEER
VLEES   RAAP
WORTEL   ZOUT
UI   SPINAZIE
AARDBEI   SAP
SALADE   TONIJN
MELK   CAKE
CITROEN   SUIKER

70 - Aeroplani

```
P G E S C H I E D E N I S B
A T M O S F E E R B K R U O
A P W A T E R S T O F S P U
N V A B E M A N N I N G I W
A N O S I V X O S F O L L W
V R N S B R A N D S T O F
I I T B T A A F B A L L O N
G C W D P U G F B A A T T H
E H E M E L U I D G P R M O
R T R O X A Y R E A R X X O
E I P T I N X I N R L W U G
N N S O S D J U O K Z I O T
X G B R S E K E N C G M N E
L U C H T N N I W N V I E G
```

HOOGTE

LUCHT

ATMOSFEER

LANDEN

AVONTUUR

BRANDSTOF

HEMEL

BOUW

ONTWERP

RICHTING

AFDALING

BEMANNING

WATERSTOF

MOTOR

NAVIGEREN

BALLON

PASSAGIER

PILOOT

GESCHIEDENIS

71 - Pirati

```
V  L  K  T  T  D  K  Z  M  A  U  Y  V  K
L  I  T  T  E  K  E  N  W  U  N  X  Q  V
A  N  O  P  C  Q  F  G  A  N  K  I  Q
G  Y  Q  C  A  C  D  Y  S  Q  A  T  E  T
I  O  F  Z  P  N  G  D  B  P  G  R  E  R
E  A  B  F  E  W  C  N  T  P  O  V  D  N
O  V  E  J  G  E  V  A  A  R  U  M  L  K
K  O  M  P  A  S  T  R  A  N  D  R  E  A
S  N  A  V  A  L  K  A  A  R  T  D  G  P
C  T  N  Q  I  E  Q  O  P  I  A  H  E  I
H  U  N  U  F  C  R  V  I  F  M  P  N  T
A  U  I  S  K  H  E  I  L  A  N  D  D  E
T  R  N  C  D  T  D  H  R  P  E  Z  E  I
G  Q  G  R  O  T  U  R  K  W  G  X  G  N
```

ANKER	LEGENDE
AVONTUUR	KAART
VLAG	MUNTEN
KOMPAS	GOUD
KAPITEIN	PAPEGAAI
SLECHT	GEVAAR
LITTEKEN	RUM
BEMANNING	ZWAARD
GROT	STRAND
EILAND	SCHAT

72 - Colori

```
Z N Y V S I M C Z O F R A Y
B W X X A I M O R Y H I Z O
H P A A R S J G U G L R U F
C B L R O O D V P D R S U U
U L O B T Q W E F N W L R C
C A W E V P N Q P X C X J H
H U C I P U R M A G R I J S
M W H G T O R A N J E N M I
K A G E E L M L B L G D G A
A N G S V K M M W V S I D K
K R R E U U C Y A A N G T R
W Z O P N B R U I N R O Z E
D R E I Q T G B E R T H P N
W U N A F N A P S Y O H E M
```

ORANJE	INDIGO
AZUUR	MAGENTA
BEIGE	BRUIN
WIT	ZWART
BLAUW	ROZE
CYAAN	ROOD
FUCHSIA	SEPIA
GEEL	GROEN
GRIJS	PAARS

73 - Spiaggia

```
D O K J F U H B M Z O P Z S
E I Q U Z E I L B O O T W A
V I F I S W K A O N C Z E N
T V L Z L T S U O Z E A M D
F I N A R I F W T I A N M A
W O U V N Z N K D N A D E L
R Q K E V D Y K J I N C N E
S Z M P Y W Q R K N O T D N
Q L O A N G V A K A N T I E
W L Q R V K S B X P U N Z M
F Q L A G U N E U U W W E J
S S F P H A N D D O E K E F
Y W Y L H W I A B U M F L B
M F Q U J Q X Q V R O B N Q
```

HANDDOEK	ZEE
BOOT	ZWEMMEN
ZEILBOOT	OCEAAN
BLAUW	PARAPLU
KUST	ZAND
DOK	SANDALEN
KRAB	RIF
EILAND	ZON
LAGUNE	VAKANTIE

74 - Avventura

```
D E N T H O U S I A S M E V
B E S T E M M I N G C O Z R
Y W B U R M K O J C H E M I
N A V I G A T I E T O I O E
V C A T E R F R X D O L N N
E M C D V M V E C I N I G D
I B T A A F O I U J H J E E
L V I G A N B Z R W E K W N
I N V I R N Y E S C I H O J
G A I N L I K N I O D E O D
H T T G I E E A E S J I N Z
E U E E J U T W N J Z D V V
I U I N K W R E I S P L A N
D R T V R E U G D E V V Z K
```

VRIENDEN
ACTIVITEIT
SCHOONHEID
KANS
MOED
BESTEMMING
MOEILIJKHEID
ENTHOUSIASME
EXCURSIE
VREUGDE

ONGEWOON
REISPLAN
NATUUR
NAVIGATIE
NIEUW
GEVAARLIJK
UITDAGINGEN
VEILIGHEID
REIZEN

75 - Forme

```
J  B  I  E  O  K  H  J  S  B  P  C  N  R
R  E  C  H  T  H  O  E  K  O  X  I  B  C
M  C  L  B  F  V  R  H  D  O  B  R  K  P
W  U  V  T  F  Q  E  O  X  G  O  K  E  I
P  R  I  S  M  A  Z  E  N  J  L  E  G  R
C  V  R  H  Y  T  U  K  L  D  E  L  E  A
I  E  A  Y  M  N  R  V  K  H  E  Y  L  M
L  J  N  P  O  V  A  A  L  U  O  O  F  I
I  U  D  E  A  W  L  I  J  N  B  E  P  D
N  H  E  R  P  K  A  N  T  Y  A  U  K  E
D  B  N  B  P  H  O  T  P  Y  G  R  S  P
E  K  W  O  D  R  I  E  H  O  E  K  N  O
R  Z  H  O  L  E  C  D  T  Y  R  F  W  Q
F  U  B  L  V  I  E  R  K  A  N  T  J  P
```

HOEK	LIJN
BOOG	OVAAL
RANDEN	PIRAMIDE
CIRKEL	VEELHOEK
CILINDER	PRISMA
KEGEL	VIERKANT
KUBUS	RECHTHOEK
CURVE	RONDE
HYPERBOOL	BOL
KANT	DRIEHOEK

76 - Oceano

```
T  D  A  G  R  V  K  O  R  A  A  L  L  Z
L  S  S  C  H  I  L  D  P  A  D  M  Z  F
C  W  E  D  A  S  F  B  W  A  L  V  I  S
F  P  R  O  A  O  N  G  O  L  V  E  N  S
O  S  O  L  I  J  M  H  B  B  O  G  Q  T
N  O  G  F  U  S  H  C  Y  V  S  J  B  A
G  E  T  I  J  D  E  N  G  E  D  D  J  X
A  S  P  J  A  K  E  T  N  Q  P  J  R  N
R  T  V  N  S  W  R  T  O  N  I  J  N  B
N  E  T  G  P  A  Z  A  K  F  X  P  G  O
A  R  U  M  O  L  F  O  B  P  W  K  A  O
A  Y  T  O  N  V  T  X  U  X  L  W  K  T
L  Q  Y  P  S  E  W  E  O  T  U  D  Q  B
S  T  O  R  M  V  O  C  T  O  P  U  S  V
```

AAL	OESTER
WALVIS	VIS
BOOT	OCTOPUS
KORAAL	ZOUT
DOLFIJN	RIF
GARNAAL	SPONS
KRAB	HAAI
GETIJDEN	SCHILDPAD
KWAL	STORM
GOLVEN	TONIJN

77 - Famiglia

```
N  K  Y  O  U  J  K  D  B  T  O  B  O  G
B  I  T  T  W  E  E  L  I  N  G  R  O  R
K  N  C  L  F  U  T  F  E  E  R  O  M  O
I  D  O  H  O  G  A  M  O  E  D  E  R  O
N  O  R  V  T  D  N  E  N  F  V  R  V  T
D  C  Z  R  A  R  T  O  K  O  S  F  O  M
E  H  L  O  B  D  E  D  H  V  S  Y  O  O
R  T  P  U  D  R  E  W  T  H  H  Q  R  E
E  E  Z  W  F  H  R  R  R  X  B  Z  O  D
N  R  D  P  G  I  C  P  L  C  Q  Z  U  E
Y  K  A  A  G  I  L  M  M  I  A  V  D  R
M  A  N  P  O  L  I  Z  U  S  J  Y  E  O
Z  H  F  J  M  P  E  Y  E  S  A  K  R  I
S  N  F  A  B  V  A  D  E  R  R  R  Z  V  K
```

VOOROUDER	NEEF
KINDEREN	NICHT
KIND	GROOTMOEDER
DOCHTER	OPA
BROER	VADER
TWEELING	VADERLIJK
JEUGD	ZUS
MOEDER	TANTE
MAN	OOM
VROUW	

78 - Veicoli

```
B  S  S  R  V  L  O  T  X  N  N  F  U  Z
R  O  C  B  A  N  D  E  N  O  Q  I  G  T
H  J  O  Q  V  J  S  O  C  T  I  A  A  F
E  N  O  T  L  G  J  Y  A  Q  Y  M  L  I
L  L  T  M  I  I  K  U  R  T  O  B  I  E
I  K  E  O  P  C  H  A  R  S  U  U  T
K  O  R  A  G  T  V  M  V  A  V  L  G  S
O  R  G  M  T  R  R  R  A  C  E  A  J  X
P  O  W  K  U  E  D  O  N  T  E  N  Q  R
T  A  X  I  I  I  M  O  T  O  R  C  L  D
E  Z  J  E  G  N  U  S  U  R  B  E  B  Y
R  V  R  A  C  H  T  A  U  T  O  X  S  P
O  N  D  E  R  Z  E  E  Ë  R  O  B  H  V
A  U  T  O  D  R  A  K  E  T  T  H  A  E
```

VLIEGTUIG	MOTOR
AMBULANCE	BANDEN
AUTO	RAKET
BUS	SCOOTER
BOOT	ONDERZEEËR
FIETS	TAXI
VRACHTAUTO	VEERBOOT
CARAVAN	TRACTOR
HELIKOPTER	TREIN
METRO	VLOT

79 - Emozioni

```
W  C  B  K  U  V  Z  C  L  D  O  D  L  V
W  N  W  A  Z  W  R  D  Y  Q  Y  R  K  E
S  N  L  L  N  O  U  E  X  P  S  O  T  R
Y  H  G  M  O  E  S  H  U  N  H  E  K  V
M  J  W  I  S  D  T  N  C  G  R  F  V  E
P  E  T  E  D  E  R  H  E  I  D  H  E  L
A  T  W  A  I  F  E  V  W  L  O  E  R  I
T  E  V  R  E  D  E  N  R  I  Q  I  R  N
H  O  P  G  E  W  O  N  D  E  N  D  A  G
I  N  H  O  U  D  F  I  U  F  D  I  S  A
E  D  A  N  K  B  A  A  R  D  R  E  S  N
B  E  S  C  H  A  A  M  D  E  P  I  I  G
T  V  W  O  N  T  S  P  A  N  N  E  N  S
O  P  L  U  C  H  T  I  N  G  G  A  G  T
```

LIEFDE	WOEDE
KALM	ONTSPANNEN
INHOUD	OPLUCHTING
OPGEWONDEN	SYMPATHIE
VREUGDE	TEVREDEN
DANKBAAR	VERRASSING
BESCHAAMD	TEDERHEID
VERVELING	RUST
VREDE	DROEFHEID
ANGST	

80 - Natura

```
W W I L D T B V I T A A L I
G O S C H U I L P L A A T S
M L E B O S J N T B Z K W A
G K E S E R E E N A W I P R
E E K T T C N E R O S I E C
B N E N S I Z M D I F E Y T
L P C W S J J E T K V D B I
A Z B E R G E N E S Y E V S
D M Z F O W V R I V I E R C
E I S C H O O N H E I D Q H
R S E S C X N L I W H T K X
T T T R O P I S C H R C A O
E P A H E I L I G D O M O W
S G Z D Y N A M I S C H R Z
```

DIEREN
BIJEN
ARCTISCH
SCHOONHEID
WOESTIJN
DYNAMISCH
EROSIE
RIVIER
GEBLADERTE
BOS

GLETSJER
BERGEN
MIST
WOLKEN
SCHUILPLAATS
HEILIGDOM
WILD
SEREEN
TROPISCH
VITAAL

81 - Balletto

```
C H O R E O G R A F I E G C
P U B L I E K I B A S X E O
A R E P E T I T I E T P B M
U P Y G A U H M O T I R A P
U R P Z O R K E S T J E A O
B A L L E R I N A C L S R N
R K U D A N S E R S A S W I
R T E K V U W V H K Q I G S
L I M Z W H S S X D O E K T
D J A R T I S T I E K F U B
J K V A A R D I G H E I D Z
I N T E N S I T E I T K Q Q
S P I E R E N M U Z I E K Q
W Z I P E S I E R L I J K M
```

VAARDIGHEID
APPLAUS
ARTISTIEK
BALLERINA
DANSERS
COMPONIST
CHOREOGRAFIE
EXPRESSIEF
GEBAAR
SIERLIJK

INTENSITEIT
SPIEREN
MUZIEK
ORKEST
PRAKTIJK
REPETITIE
PUBLIEK
RITME
STIJL

82 - Castelli

```
A P A L E I S R I K N D H S
Y O R M U X M U U R U Y A M
X W C I P A A R D O E N R F
R P P T N Y J Q B O D A N H
D R A A K S F L K N E S A P
P R L X J T E B F X L T S Z
W R I H F P O S W N E I Q W
X B I J Y B D F O R T E R A
E C B N K K A T A P U L T A
E M K T S U A T O R E N K R
R O S C H I L D Y Y L R O D
K O N I N K R I J K W V L Z
E E N H O O R N T J P P S A
S O X Z S S R I D D E R C M
```

HARNAS	EDELE
KATAPULT	PALEIS
RIDDER	MUUR
PAARD	PRINS
KROON	PRINSES
DYNASTIE	KONINKRIJK
DRAAK	SCHILD
FEODAAL	ZWAARD
FORT	TOREN
RIJK	EENHOORN

83 - Foresta Pluviale

```
N K K H B V O G E L S R H G
D A X L E I N S E C T E N E
I M T J H Y J A E Z K S Q M
V F W U O W G E Z M V P C E
E I V N U A A Z I B I E B E
R B Y G D R T A C T Z C M N
S I O L V D D Q R O V T M S
I E B E H V T N C D V K O C
T Ë S W O L K E N Z E H S H
E N T O E V L U C H T V U A
I E T B O T A N I S C H O P
T O O V E R L E V I N G D L
K L I M A A T I N H E E M S
R E S T A U R A T I E E R P
```

AMFIBIEËN
BOTANISCH
KLIMAAT
GEMEENSCHAP
DIVERSITEIT
JUNGLE
INHEEMS
INSECTEN
MOS
NATUUR

WOLKEN
BEHOUD
WAARDEVOL
RESTAURATIE
TOEVLUCHT
RESPECT
OVERLEVING
SOORT
VOGELS

84 - Edifici

```
T A I J T Z K Z K K P M O A
O H H H E J W I A M V K B X
R B E F N L S E S U R B S E
E I J A T R U K T G I B E A
N O J B T Q P E E N M N R M
A S U R P E E N E N H P V B
H C A I M C R H L I B B A A
F O K E H K M U S E U M T S
A O T K V E A I K C G A O S
J P B E J P R S C H U U R A
B M I F L D K B P G V T I D
S C H O O L T J E A Q W U E
S T A D I O N W L R L N M P
C A B I N E M J P D G P Z N
```

AMBASSADE
CABINE
KASTEEL
BIOSCOOP
FABRIEK
SCHUUR
HOTEL
MUSEUM
ZIEKENHUIS

OBSERVATORIUM
HERBERG
SCHOOL
STADION
SUPERMARKT
THEATER
TENT
TOREN

85 - Paesi #2

```
H  K  O  D  L  I  B  E  R  I  A  Y  I  S
N  E  P  A  L  A  D  Q  A  I  I  X  T  O
Q  K  W  K  K  H  O  P  P  L  D  N  C  E
H  A  Ï  T  I  E  A  S  R  B  B  W  U  D
G  R  I  E  K  E  N  L  A  N  D  A  G  A
J  S  I  O  E  G  A  N  D  A  S  J  N  N
Y  T  O  E  K  R  A  Ï  N  E  Y  H  F  I
B  D  K  W  R  J  A  P  A  N  R  P  Y  J
Z  X  Z  E  U  L  J  M  E  X  I  C  O  A
P  A  K  I  S  T  A  N  N  C  Ë  M  D  M
I  C  H  T  L  V  H  N  D  D  U  W  M  A
D  P  R  P  A  T  I  K  D  B  J  X  T  I
G  V  D  E  N  N  I  G  E  R  I  A  K  C
I  I  I  N  D  O  N  E  S  I  Ë  O  R  A
```

ALBANI
JAMAICA
JAPAN
GRIEKENLAND
HAÏTI
INDONESIË
IERLAND
LAOS
LIBERIA

MEXICO
NEPAL
NIGERIA
PAKISTAN
RUSLAND
SYRIË
SOEDAN
OEKRAÏNE
OEGANDA

86 - Tipi di Capelli

```
G D K G D Z A C H T B G R N
R L R Q U U I S P Q Y E U F
I K U O N B Z L H G F K D L
J A L K O R I O V T J L N Y
S A L M G G Z Y A E S E W S
K L E S V W L A K B R U I N
M A N S L Z Q A Z W A R T K
V N D M U D R X D Q E D M R
U M Z G F K D W I Q O K Z U
G E Z O N D I G Y N T H N L
X R G A K F K E D Q Z P D L
T S P L A N G B L O N D Q E
Z Z Z B B A M K O R T B L N
G E V L O C H T E N E U P F
```

ZILVER
DROOG
WIT
BLOND
KORT
KAAL
GEKLEURD
GRIJS
GEVLOCHTEN
GLAD

LANG
BRUIN
ZACHT
ZWART
KRULLEND
KRULLEN
GEZOND
DUN
DIK

87 - Vestiti

```
X S A N D A L E N R O K J K
W P R B L E K M R I V J U E
S Y M R I E M O Y R Q S R T
R J B R O E K D U L V J K T
U A A G O Y S E E L U A S I
U M N A V K A F Z W I S H N
G A D D L D O Z G S J A I G
H A N D S C H O E N E N R F
J L M B M S H O E D K N T S
E A J M L C B L O U S E R C
A H S C A H V E Q H S E U H
N Y I J Q O A G Z X Z V I O
S X M T E R C Y Y W G R M E
N X F E S T E M C S P P O N
```

JURK
ARMBAND
BLOUSE
SHIRT
HOED
JAS
RIEM
KETTING
JASJE
ROK

SCHORT
HANDSCHOENEN
JEANS
TRUI
MODE
BROEK
PYJAMA
SANDALEN
SCHOEN
SJAAL

88 - Attività e Tempo Libero

```
I  S  H  K  H  B  Z  W  E  M  M  E  N  M
F  C  E  A  B  A  O  A  H  A  R  K  J  T
K  H  N  M  L  S  C  K  N  C  E  V  C  U
U  I  G  P  O  K  F  G  S  Y  I  V  V  I
N  L  E  E  N  E  Q  H  A  E  S  O  O  N
S  D  L  R  T  T  H  G  P  U  N  E  L  I
T  E  S  E  S  B  O  O  E  W  S  T  L  E
C  R  P  N  P  A  B  L  N  R  B  B  E  R
W  I  O  K  A  L  B  F  S  K  H  A  Y  E
Y  J  R  G  N  R  Y  S  G  U  B  L  B  N
P  C  T  E  N  N  I  S  K  I  R  A  A  A
D  U  I  K  E  N  Q  E  G  T  P  F  L  E
U  A  Z  S  N  C  S  I  V  S  G  U  E  H
W  A  N  D  E  L  E  N  N  L  F  C  N  N
```

KUNST	DUIKEN
HONKBAL	ZWEMMEN
BASKETBAL	VOLLEYBAL
BOKSEN	HENGELSPORT
VOETBAL	SCHILDERIJ
KAMPEREN	ONTSPANNEN
WANDELEN	SURFEN
TUINIEREN	TENNIS
GOLF	REIS
HOBBY	

89 - Tecnologia

```
A G K X V C B Y T E S L X B
L A V Q R G E G E V E N S E
F E H D W Y S T E C Z W L R
Y H T I N U T D O O V S M I
M V O T O H A C A M E R A C
S I N T E R N E T P I D N H
O R D R C R D H V U L G O T
F T E S T A T I S T I E K B
T U R R R E I Y N E G S U L
W E Z F G V H G P R H N N O
A E O S C H E R M E E U J G
R L E C U R S O R V I R U S
E J K B R O W S E R D W R T
D I G I T A A L M B Y O U P
```

BLOG
BROWSER
BYTES
COMPUTER
CURSOR
GEGEVENS
DIGITAAL
BESTAND
LETTERTYPE
INTERNET

BERICHT
ONDERZOEK
SCHERM
VEILIGHEID
SOFTWARE
STATISTIEK
CAMERA
VIRTUEEL
VIRUS

90 - Arte

```
U S C H I L D E R I J E N S E
E I O N D E R W E R P E B A
E F T C R E Ë R E N K K E M
R I P D J I V Z V H M J E E
L G E O R I G I N E E L L N
I U R K J U P Q T W Y F D S
J U S S R M K O N F I C H T
K R O Y S L V K Ë X G H O E
D M O M U W Y G I Z X U U L
X B N B I J X G Q N I M W L
A K L O A M D O A P G E W I
Z T I O C O M P L E X U E N
E S J L V I S U E E L R R G
N I K E E N V O U D I G K E
```

COMPLEX
SAMENSTELLING
CREËREN
SCHILDERIJEN
UITDRUKKING
FIGUUR
EERLIJK
ORIGINEEL

PERSOONLIJK
POËZIE
BEELDHOUWWERK
EENVOUDIG
SYMBOOL
ONDERWERP
HUMEUR
VISUEEL

91 - Meteo

```
A D G R O F D M T W Z U R D
R T O Y Z F T O R K O N H P
E T M N P H M E O B R L I Q
G W N O D X U S P K K S K C
E N G A S E X S I X A S V H
N O N I U F R O S Y A F I R
B D M I M U E N C U N P B T
O M V K U C I E H S T O R M
O K L I M A A T R W O L I I
G X A I X Z H H E I R A E S
D R O O G T E E C N N I S T
P B L I K S E M B D A R Y V
G L C J V W E E V G D C B B
I M P S O D W L D R O O G J
```

REGENBOOG   WOLK
DROOG   POLAIR
ATMOSFEER   DROOGTE
BRIES   STORM
HEMEL   TORNADO
KLIMAAT   TROPISCH
BLIKSEM   DONDER
IJS   ORKAAN
MOESSON   WIND
MIST

92 - Corpo Umano

```
H K V I R S G E Z I C H T O
E N I E C O C L N E K U N G
R U N P P G V L E K O I O U
S K G Z D K U E U I E D C T
E O E I G W Y B S N Q L Y A
N F R Z U B L O E D Z E W Z
E E R A I B M O N D I S K D
N B E E N U A G O Z X C N J
H O O F D H A R T O Y H I T
R G T F G P G S Y C G O E P
H L J M D W B F H X N U O I
E S L X I B W J O O R D T C
J O E W Z M Y E X I C E S D
L H A N D F A Q B T P R Q U
```

MOND	HAND
ENKEL	KIN
HERSENEN	NEUS
NEK	OOG
HART	OOR
VINGER	HUID
GEZICHT	BLOED
BEEN	SCHOUDER
KNIE	MAAG
ELLEBOOG	HOOFD

93 - Mammiferi

```
M N H O N D L H E F M M V K
M V M L M A B E E R Z H Z A
K O N I J N W R E E N K A N
O A C F R K A T S U H I T G
P N W A A P L V C O W K G O
Z A W N H E V H H W O H U E
Z E A T F G I R A U L D Q R
K E B R D I S I A G F Y J O
U D F R D R C E P A U U E E
Y S N T A A O H C U M N M R
H T X S V F Y F O R Z D Y Z
Z I L S W D O L F I J N B Z
K E L Q B A T G O R I L L A
J R V O S D E Q B K E H K Q
```

WALVIS	GIRAF
HOND	GORILLA
KANGOEROE	LEEUW
PAARD	WOLF
HERT	BEER
KONIJN	SCHAAP
COYOTE	AAP
DOLFIJN	STIER
OLIFANT	VOS
KAT	ZEBRA

94 - Arrampicata

```
C Z P P O D W G C L Z R K S
J Z G S E O E H I X I C A P
Y G H F Y S I E K D A N A G
S H E L M W P F L X S M R R
D E S K U N D I G E X E T O
A T X Z U W J Z S B T V N T
S T A B I L I T E I T S E K
M M H E P L A A R Z E N E B
A T M O S F E E R J C X J L
L Q B C O P L E I D I N G C
W L C T A G K R A C H T U F
S O D T W P T T E R R E I N
J V P W A N D E L E N V J B
U I T D A G I N G E N B K W
```

HOOGTE
ATMOSFEER
HELM
WANDELEN
DESKUNDIGE
FYSIEK
OPLEIDING
KRACHT
GROT

GIDSEN
LETSEL
KAART
UITDAGINGEN
STABILITEIT
LAARZEN
SMAL
TERREIN

95 - Animali Domestici

```
Q K J K W B F X E L M J T Y
K O R V V N N T Y R W Y I T
A N W A D I E R E N A R T S
T I P A A G T P S K A T J E
E J U H T G N Q C L J J M V
G N P A D E O E H N G B F H
E S P G B K R Q I U L B N O
I M Y E Z S M K L A U W E N
T U C D W V O E D S E L C D
O I I I V I P A P E G A A I
P S H S W S T A A R T J L L
A P P O T E N G D A K O E O
W E O H A M S T E R P X X R
O Z L N U W A T T D W S I Z
```

WATER	KATJE
KLAUWEN	KAT
HOND	HAGEDIS
GEIT	KOE
VOEDSEL	PAPEGAAI
STAART	VIS
KRAAG	SCHILDPAD
KONIJN	MUIS
HAMSTER	DIERENARTS
PUPPY	POTEN

96 - Cucina

```
O O C M B X S V Z D S P G H
V P P V O R K E N E W Z K S
E O O R Y V O G R Q W D O O
N T C I S P E C E R I J E N
P V M E S S E N C U P X L P
S O K Z U T F E I D C K O
K E T E L V S S P O N S A L
Z D R R Z V T K T R S F S L
L S Y V H N O R O E C C T E
Y E E R E W K U U M H E A P
Q L P B M T J I U B O Y I E
S S P E G U E K O V R O O L
O O J U L F S F O D T P M L
I T G D A S L G R I L L F I
```

EETSTOKJES	KOELKAST
KETEL	SCHORT
KRUIK	GRILL
VOEDSEL	POLLEPEL
KOM	RECEPT
MESSEN	SPECERIJEN
VRIEZER	SPONS
LEPELS	CUP
VORKEN	SERVET
OVEN	POT

97 - Vacanze #2

```
V  R  K  A  M  P  E  R  E  N  T  W  X  Z
Z  E  E  B  G  A  L  I  X  R  R  T  P  K
P  S  R  F  E  K  B  B  L  R  E  I  S  W
A  T  E  V  V  I  S  U  M  A  I  C  S  L
S  R  S  R  O  Z  Y  I  Q  O  N  J  B  U
P  A  T  I  T  E  Z  T  B  Y  A  D  E  C
O  N  A  J  A  I  R  E  F  O  T  O  S  H
O  D  U  E  X  C  N  N  K  Y  Z  U  T  T
R  I  R  T  I  C  K  L  T  K  M  I  E  H
T  J  A  I  H  P  O  A  H  V  E  P  M  A
O  C  N  J  P  L  G  N  A  B  W  K  M  V
T  S  T  D  I  I  L  D  F  R  M  U  I  E
V  A  K  A  N  T  I  E  C  P  T  Q  N  N
H  H  O  T  E  L  T  R  T  E  N  T  G  N
```

LUCHTHAVEN	STRAND
KAMPEREN	BUITENLANDER
BESTEMMING	TAXI
FOTO'S	VRIJE TIJD
HOTEL	TENT
EILAND	VERVOER
KAART	TREIN
ZEE	VAKANTIE
PASPOORT	REIS
RESTAURANT	VISUM

98 - Attività

```
P  S  I  K  A  M  P  E  R  E  N  G  T  F
L  A  C  T  I  V  I  T  E  I  T  Z  Y  O
E  M  Y  R  R  D  M  O  E  N  E  H  C  T
Z  A  V  K  L  W  A  N  D  E  L  E  N  O
I  G  A  E  E  J  G  T  A  P  S  N  K  G
E  I  A  R  Z  Z  A  S  N  G  Y  E  U  R
R  E  R  A  E  W  M  P  S  M  Y  E  N  A
P  P  D  M  N  J  E  A  E  F  S  V  S  F
U  Z  I  I  G  A  S  N  N  M  N  T  T  I
Z  P  G  E  J  M  A  N  J  A  C  H  T  E
Z  D  H  K  H  T  U  I  N  I  E  R  E  N
E  C  E  N  H  T  I  N  E  R  A  A  H  O
L  Q  I  Q  Q  E  N  G  R  N  S  A  U  A
S  G  D  H  E  N  G  E  L  S  P  O  R  T
```

VAARDIGHEID
KUNST
ACTIVITEIT
JACHT
KAMPEREN
KERAMIEK
NAAIEN
DANSEN
WANDELEN

FOTOGRAFIE
TUINIEREN
GAMES
LEZEN
MAGIE
HENGELSPORT
PLEZIER
PUZZELS
ONTSPANNING

99 - Forniture Artistiche

```
P  Z  F  H  G  E  O  K  G  Q  T  W  F  M
S  P  X  X  O  O  A  A  L  Q  J  P  Y  D
T  A  F  E  L  U  M  Y  V  E  D  H  B  G
O  P  B  Q  I  J  T  V  B  W  U  C  F  C
E  I  O  I  E  S  Z  S  O  A  C  R  Y  L
L  E  R  Z  R  W  X  X  K  R  Q  T  E  C
D  R  S  I  D  E  E  Ë  N  O  P  U  I  N
O  M  T  K  L  E  I  N  K  T  O  E  W  H
I  P  E  C  A  M  E  R  A  R  T  L  W  C
G  V  L  L  I  J  M  Y  P  W  L  C  E  T
P  A  S  T  E  L  Y  Y  B  A  O  T  I  H
E  Z  E  L  S  W  X  E  I  T  D  H  R  D
H  T  C  W  H  Z  C  S  Q  E  E  E  D  Y
J  W  G  A  L  P  W  Q  I  R  N  G  K  A
```

WATER	IDEEËN
ACRYL	INKT
KLEI	POTLODEN
HOUTSKOOL	OLIE
PAPIER	PASTEL
EZEL	STOEL
LIJM	BORSTELS
KLEUREN	TAFEL
GOM	CAMERA

100 - Misurazioni

```
V A I K I L O G R A M G A L
O D N G N F R R Q K I E J I
L O N S C L K A H I N W G T
U Y Q M H I W M O L U I C E
M E T E R F R R O O U C G R
E L U G A J B D G M T H R P
B C E N T I M E T E R T A I
D R H N M E C C E T R M A Y
U I E K G B E I V E L C D Z
O K E E T Y M P R P I N T
U F I P D R E A R V O N B D
B Y T E T T L A V H K H D N
V K T O N E E L G T S Z M F
L U M F Y W G D Q B O I Z O
```

HOOGTE	LENGTE
BYTE	METER
CENTIMETER	MINUUT
KILOGRAM	ONS
KILOMETER	GEWICHT
DECIMAAL	PINT
GRAAD	INCH
GRAM	DIEPTE
BREEDTE	TON
LITER	VOLUME

1 - Scacchi

2 - Aggettivi #2

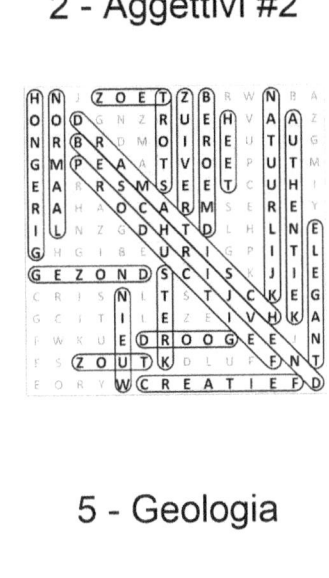

3 - Pesca

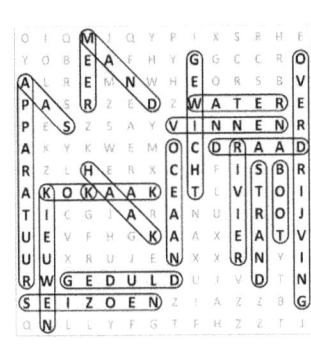

4 - Aggettivi #1

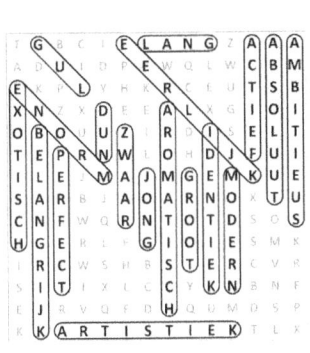

5 - Geologia

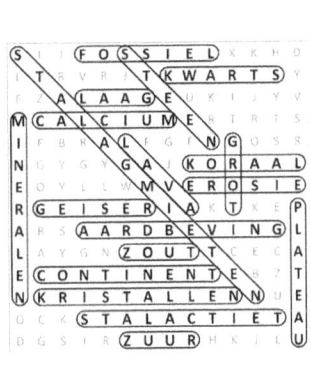

6 - Campeggio

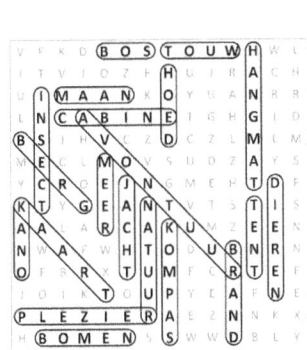

7 - Arti Visive

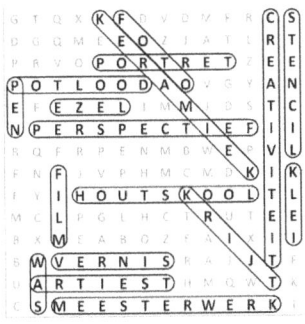

8 - Esplorazione

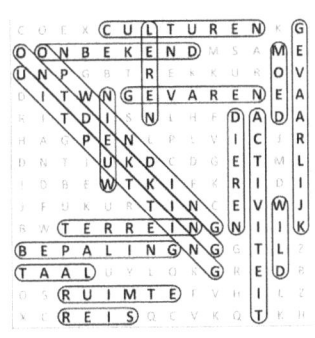

9 - Tempo

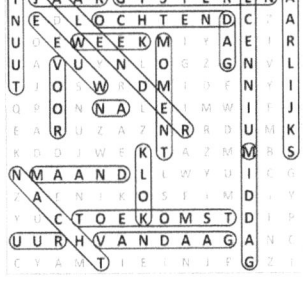

10 - Astronomia

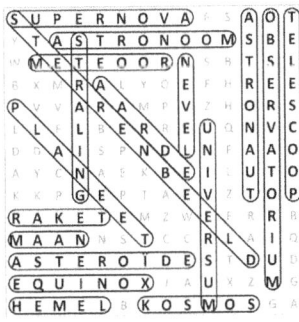

11 - Circo

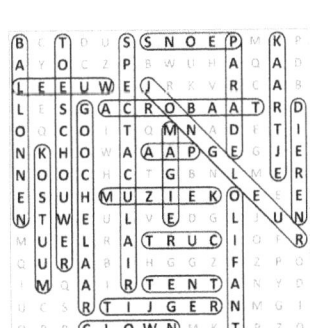

12 - Mitologia

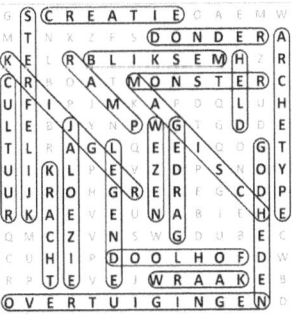

13 - Piante

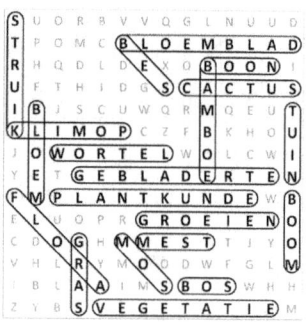

14 - Spezie

15 - Numeri

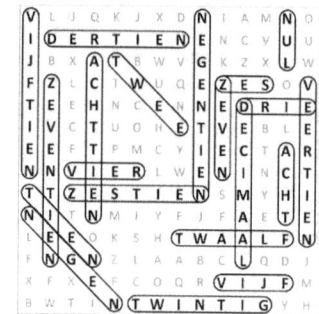

16 - Cioccolato

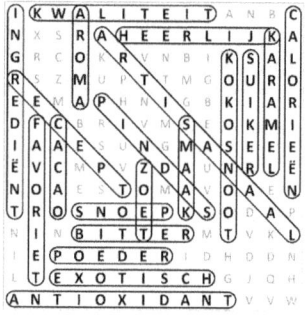

17 - Guida

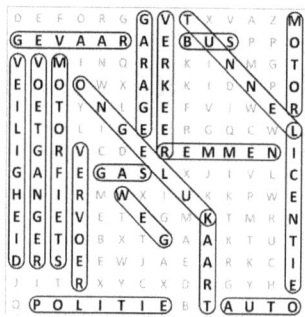

18 - Sport

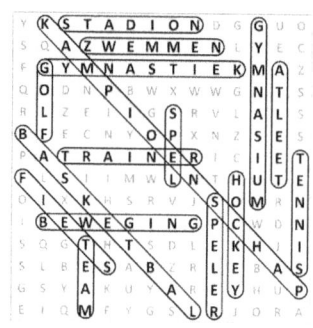

19 - Giocattoli

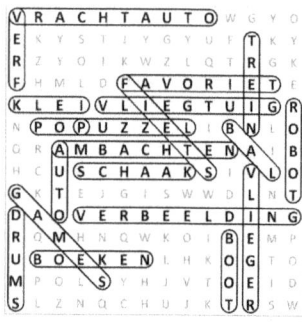

20 - Strumenti di Cottura

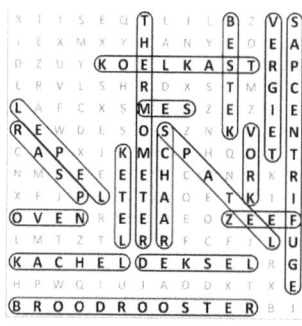

21 - Uccelli

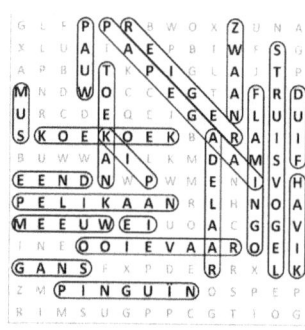

22 - Giorni e Mesi

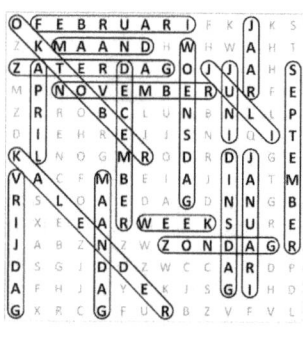

23 - Casa

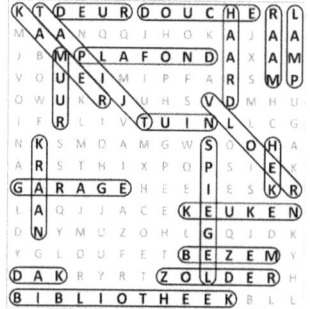

24 - Ristorante #1

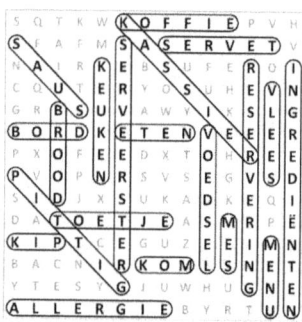

25 - Fantascienza

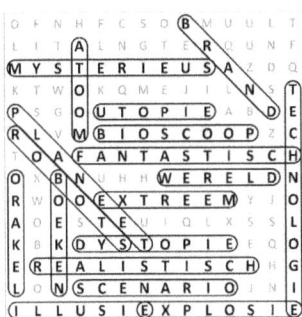

26 - Città

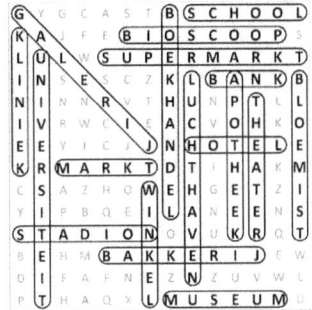

27 - Virtù #1

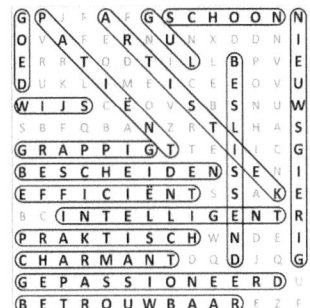

28 - Compleanno

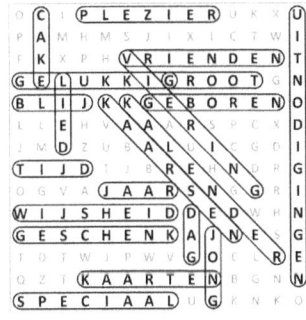

29 - Fattoria #1

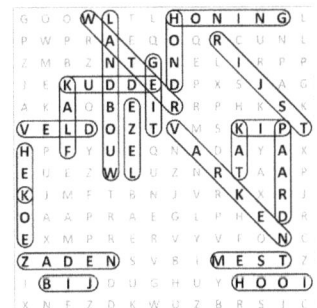

30 - Paesaggi

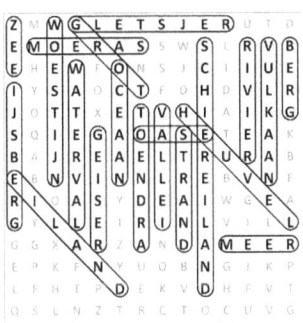

31 - Ristorante #2

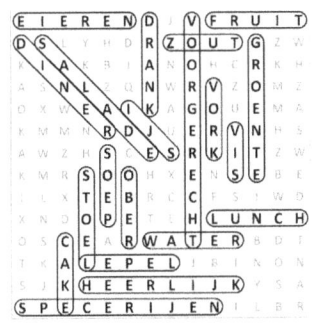

32 - Giardino

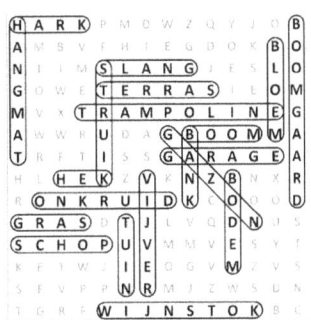

33 - Frutta

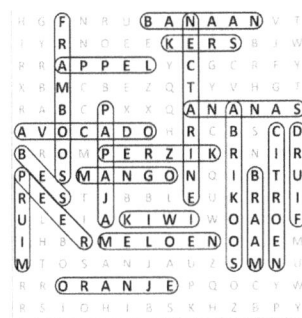

34 - Fattoria #2

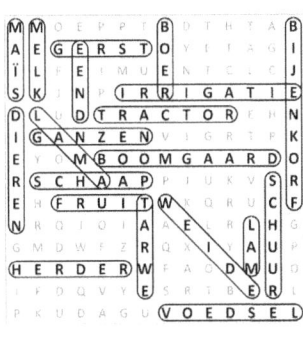

35 - Dinosauri

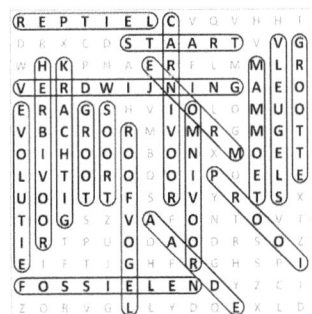

36 - Verdure

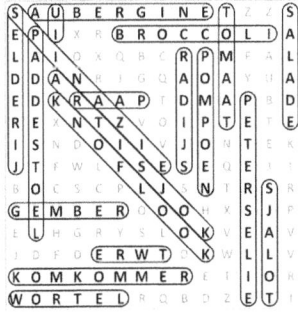

37 - Scuola #2

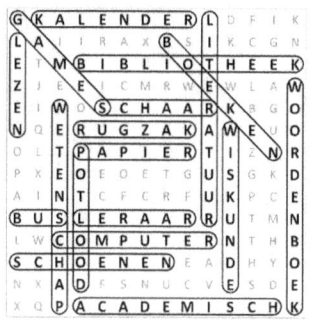

38 - Barbecue

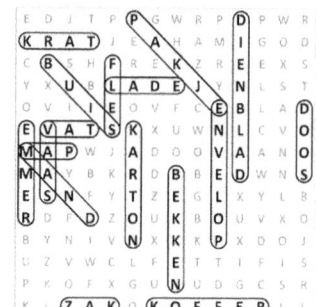

39 - Riempire

40 - Insetti

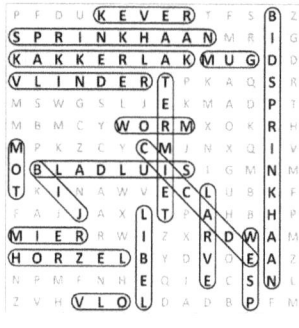

41 - Erboristeria

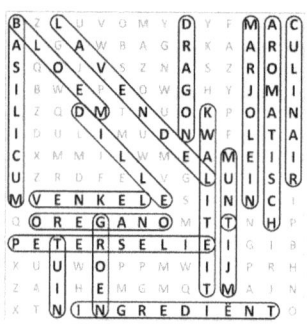

42 - Danza

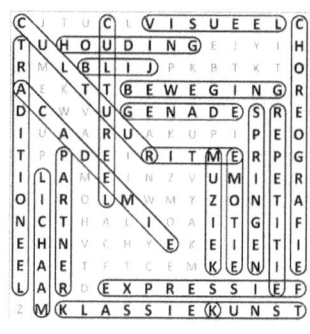

43 - Commedia

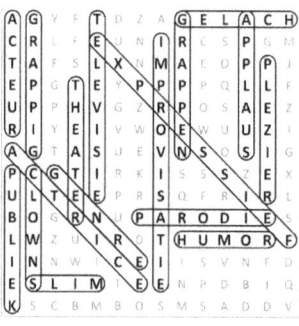

44 - Scuola #1

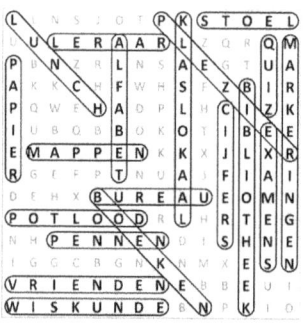

45 - Fiori

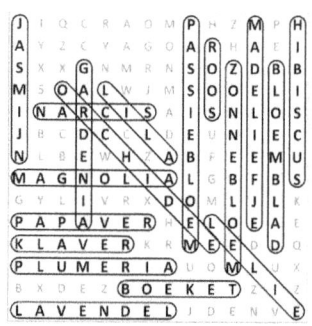

46 - Ecologia

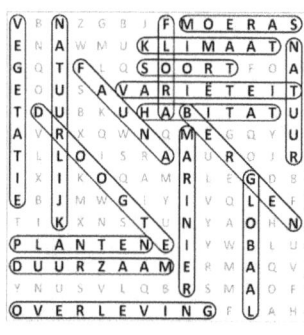

47 - Discipline Scientifiche

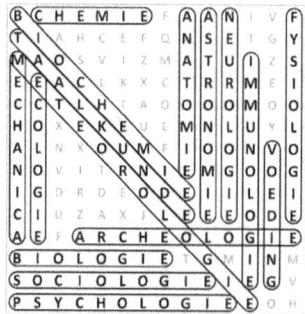

48 - Scienza

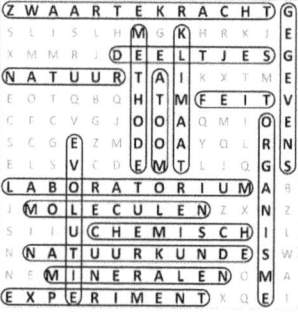

49 - Acqua

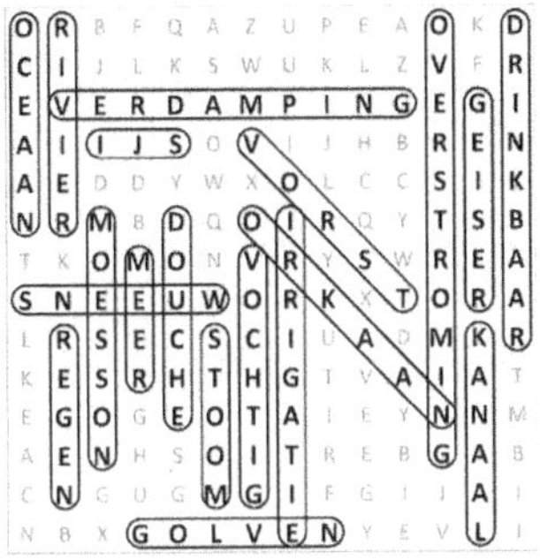

50 - Gatti

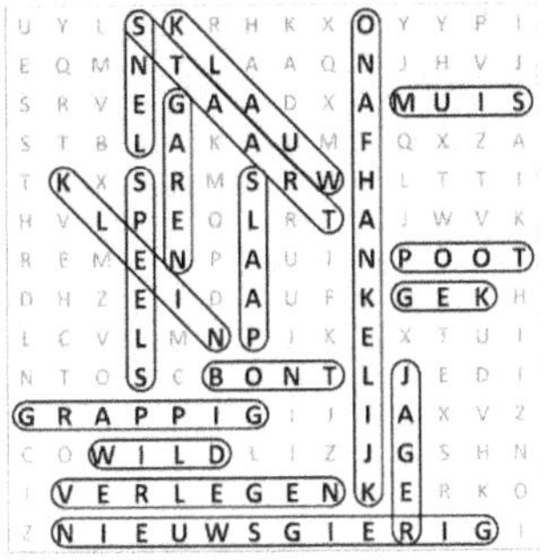

51 - Surf

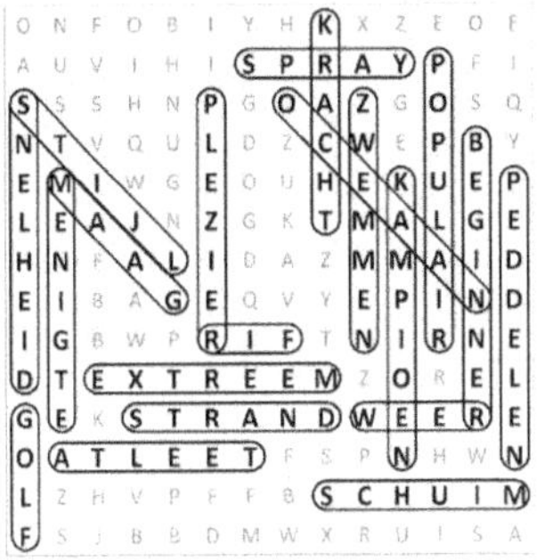

52 - Imbarcazioni

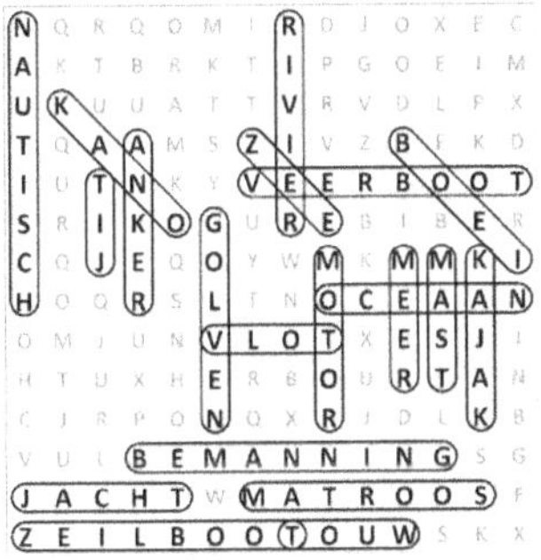

53 - Api

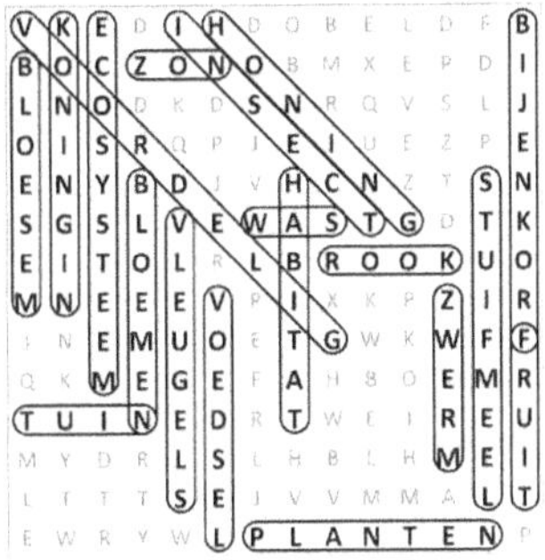

54 - Conservazione

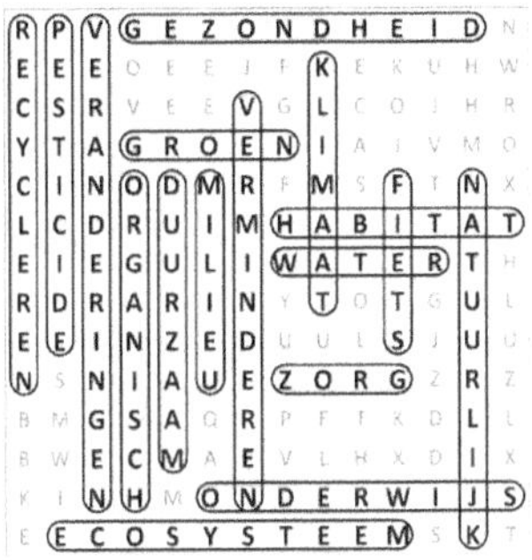

55 - Strumenti Musicali

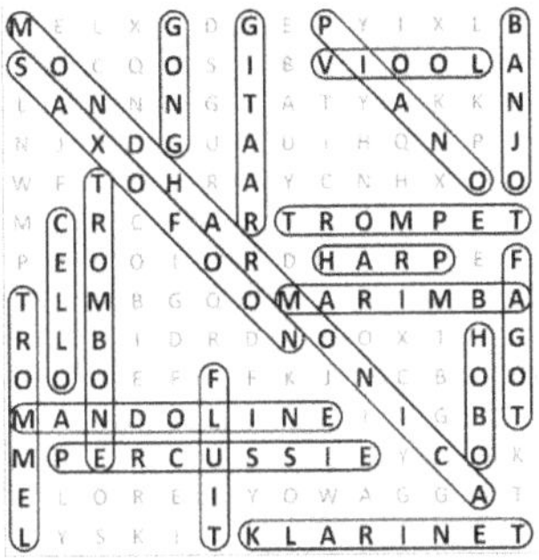

56 - Professioni #2

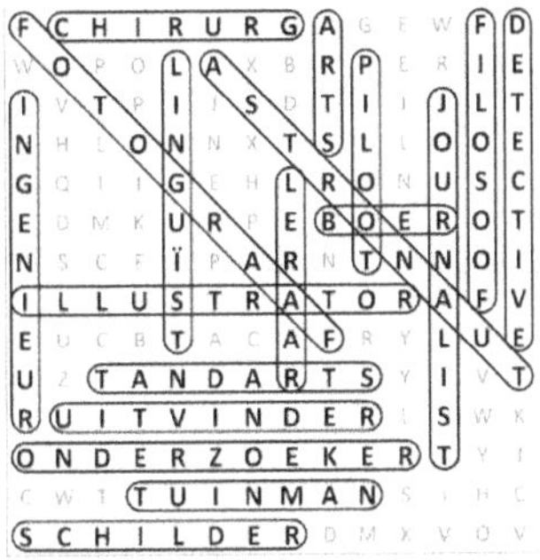

57 - Letteratura

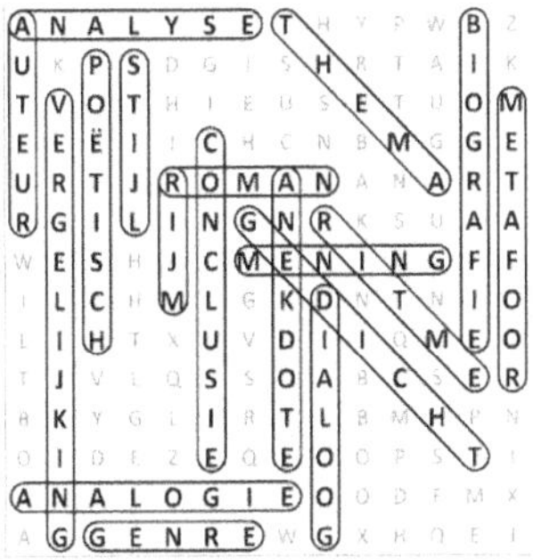

58 - Cibo #2

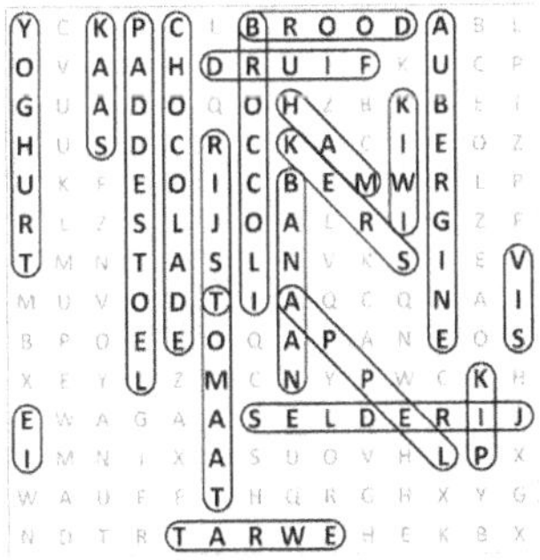

59 - Nutrizione

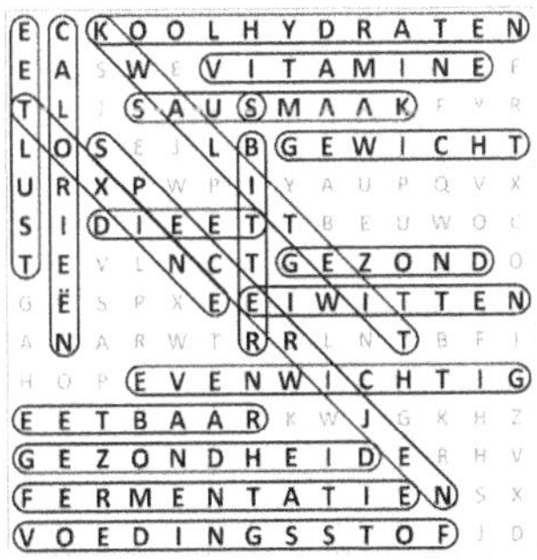

60 - Matematica

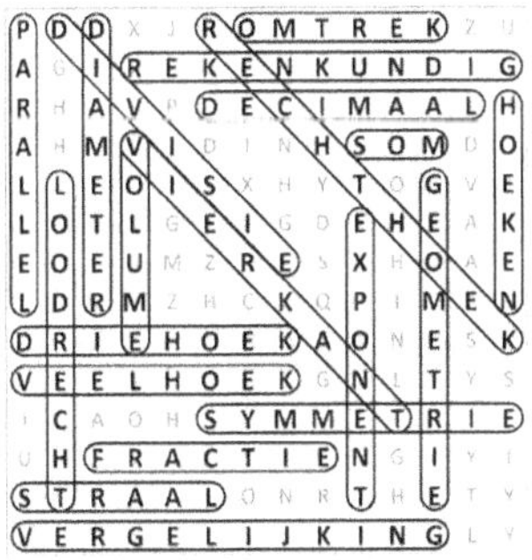

61 - Vacanza #1

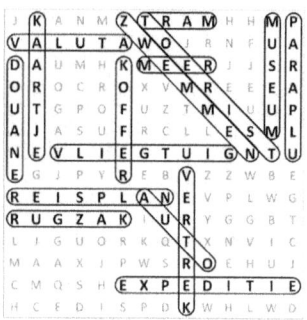

62 - Meditazione

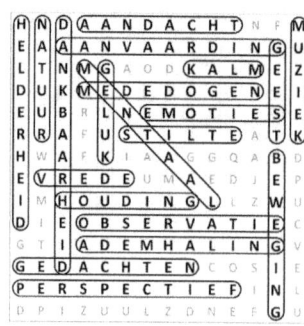

63 - Estate

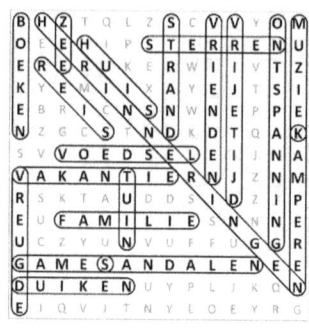

64 - Escursionismo

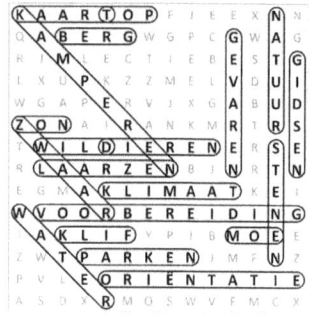

65 - Professioni #1

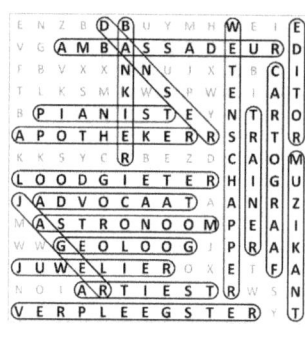

66 - Antartide

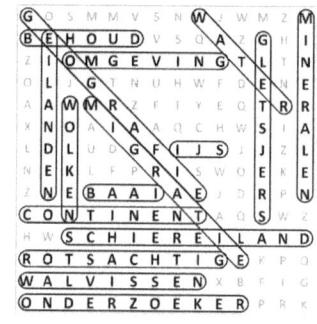

67 - Libri

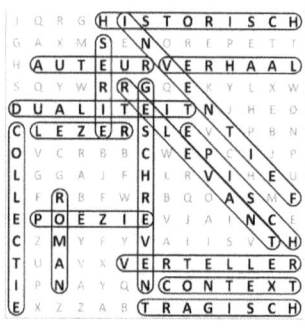

68 - Geografia

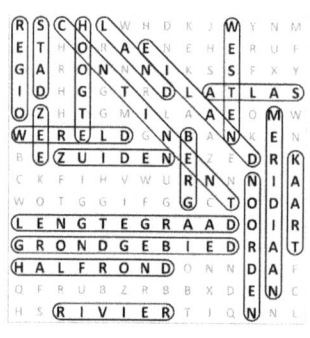

69 - Cibo #1

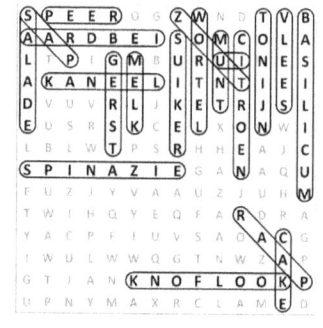

70 - Aeroplani

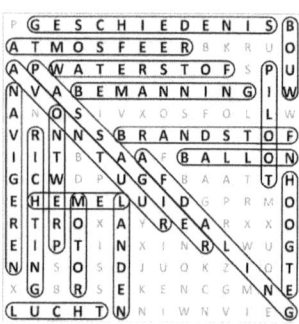

71 - Pirati

72 - Colori

73 - Spiaggia
74 - Avventura
75 - Forme
76 - Oceano
77 - Famiglia
78 - Veicoli
79 - Emozioni
80 - Natura
81 - Balletto
82 - Castelli
83 - Foresta Pluviale
84 - Edifici

85 - Paesi #2

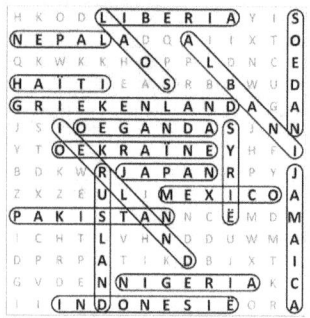

86 - Tipi di Capelli

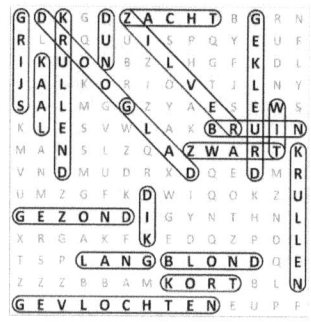

87 - Vestiti

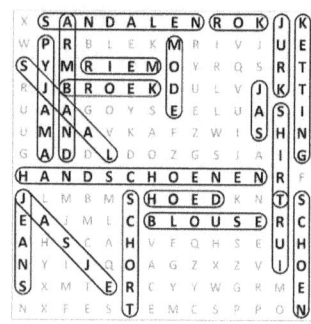

88 - Attività e Tempo Libero

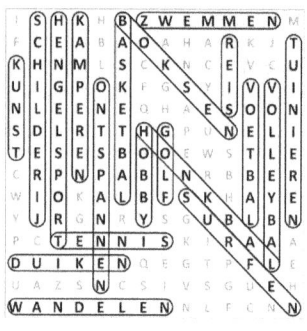

89 - Tecnologia

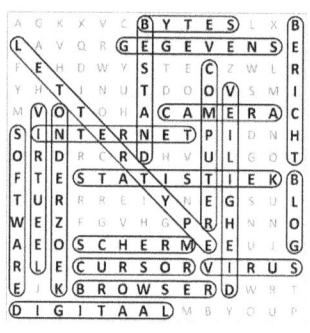

90 - Arte

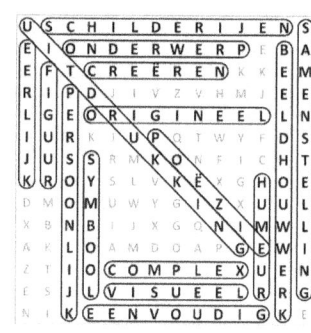

91 - Meteo

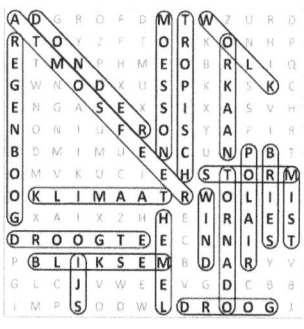

92 - Corpo Umano

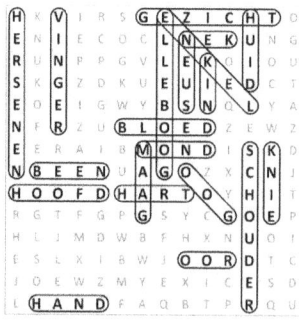

93 - Mammiferi

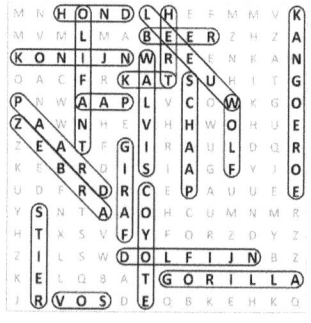

94 - Arrampicata

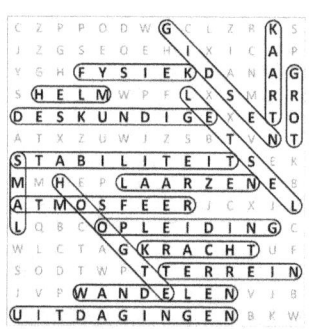

95 - Animali Domestici

96 - Cucina

97 - Vacanze #2

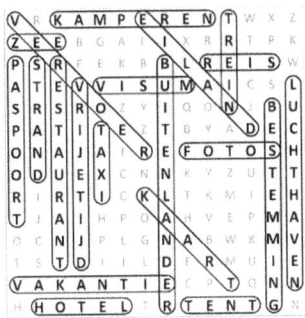

98 - Attività

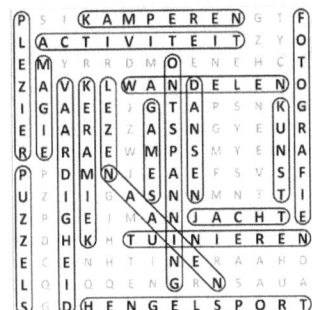

99 - Forniture Artistiche

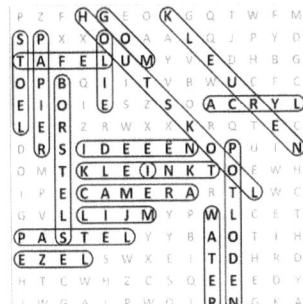

100 - Misurazioni

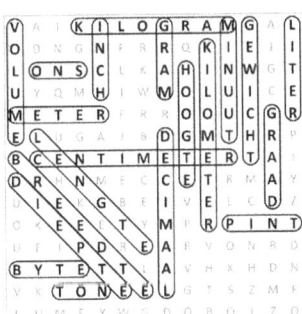

Dizionario

Acqua
Water

Alluvione	Overstroming
Canale	Kanaal
Doccia	Douche
Evaporazione	Verdamping
Fiume	Rivier
Gelo	Vorst
Geyser	Geiser
Ghiaccio	Ijs
Irrigazione	Irrigatie
Lago	Meer
Monsone	Moesson
Neve	Sneeuw
Oceano	Oceaan
Onde	Golven
Pioggia	Regen
Potabile	Drinkbaar
Umidità	Vochtigheid
Umido	Vochtig
Uragano	Orkaan
Vapore	Stoom

Aeroplani
Vliegtuigen

Altezza	Hoogte
Aria	Lucht
Atmosfera	Atmosfeer
Atterraggio	Landen
Avventura	Avontuur
Carburante	Brandstof
Cielo	Hemel
Costruzione	Bouw
Design	Ontwerp
Direzione	Richting
Discesa	Afdaling
Equipaggio	Bemanning
Idrogeno	Waterstof
Motore	Motor
Navigare	Navigeren
Palloncino	Ballon
Passeggero	Passagier
Pilota	Piloot
Storia	Geschiedenis
Turbolenza	Turbulentie

Aggettivi #1
Bijvoeglijke Naamwoorden

Ambizioso	Ambitieus
Aromatico	Aromatisch
Artistico	Artistiek
Assoluto	Absoluut
Attivo	Actief
Enorme	Enorm
Esotico	Exotisch
Generoso	Gul
Giovane	Jong
Grande	Groot
Identico	Identiek
Importante	Belangrijk
Lento	Langzaam
Lungo	Lang
Moderno	Modern
Onesto	Eerlijk
Perfetto	Perfect
Pesante	Zwaar
Prezioso	Waardevol
Sottile	Dun

Aggettivi #2
Bijvoeglijke Naamwoorden

Affamato	Hongerig
Asciutto	Droog
Autentico	Authentiek
Caldo	Heet
Creativo	Creatief
Descrittivo	Beschrijvend
Dolce	Zoet
Drammatico	Dramatisch
Elegante	Elegant
Famoso	Beroemd
Forte	Sterk
Interessante	Interessant
Naturale	Natuurlijk
Normale	Normaal
Nuovo	Nieuw
Orgoglioso	Trots
Produttivo	Productief
Puro	Zuiver
Salato	Zout
Sano	Gezond

Animali Domestici
Huisdieren

Acqua	Water
Artigli	Klauwen
Cane	Hond
Capra	Geit
Cibo	Voedsel
Coda	Staart
Collare	Kraag
Coniglio	Konijn
Criceto	Hamster
Cucciolo	Puppy
Gattino	Katje
Gatto	Kat
Lucertola	Hagedis
Mucca	Koe
Pappagallo	Papegaai
Pesce	Vis
Tartaruga	Schildpad
Topo	Muis
Veterinario	Dierenarts
Zampe	Poten

Antartide
Antarctica

Acqua	Water
Ambiente	Omgeving
Baia	Baai
Balene	Walvissen
Conservazione	Behoud
Continente	Continent
Esplorazione	Exploratie
Geografia	Geografie
Ghiacciai	Gletsjers
Ghiaccio	Ijs
Isole	Eilanden
Migrazione	Migratie
Minerali	Mineralen
Nuvole	Wolken
Penisola	Schiereiland
Ricercatore	Onderzoeker
Roccioso	Rotsachtig
Spedizione	Expeditie
Temperatura	Temperatuur
Topografia	Topografie

Api
Bijen

Ali	Vleugels
Alveare	Bijenkorf
Benefico	Voordelig
Cera	Was
Cibo	Voedsel
Diversità	Diversiteit
Ecosistema	Ecosysteem
Fiori	Bloemen
Fiorire	Bloesem
Frutta	Fruit
Fumo	Rook
Giardino	Tuin
Habitat	Habitat
Insetto	Insect
Miele	Honing
Piante	Planten
Polline	Stuifmeel
Regina	Koningin
Sciame	Zwerm
Sole	Zon

Arrampicata
Klimmen

Altitudine	Hoogte
Atmosfera	Atmosfeer
Casco	Helm
Escursioni	Wandelen
Esperto	Deskundige
Fisico	Fysiek
Formazione	Opleiding
Forza	Kracht
Grotta	Grot
Guanti	Handschoenen
Guide	Gidsen
Lesione	Letsel
Mappa	Kaart
Sfide	Uitdagingen
Stabilità	Stabiliteit
Stivali	Laarzen
Stretto	Smal
Terreno	Terrein

Arte
Kunst

Ceramica	Keramisch
Complesso	Complex
Composizione	Samenstelling
Creare	Creëren
Dipinti	Schilderijen
Espressione	Uitdrukking
Figura	Figuur
Ispirato	Geïnspireerd
Onesto	Eerlijk
Originale	Origineel
Personale	Persoonlijk
Poesia	Poëzie
Ritrarre	Portretteren
Scultura	Beeldhouwwerk
Semplice	Eenvoudig
Simbolo	Symbool
Soggetto	Onderwerp
Surrealismo	Surrealisme
Umore	Humeur
Visivo	Visueel

Arti Visive
Beeldende Kunsten

Architettura	Architectuur
Argilla	Klei
Artista	Artiest
Capolavoro	Meesterwerk
Carbone	Houtskool
Cavalletto	Ezel
Cera	Was
Ceramica	Keramiek
Composizione	Samenstelling
Creatività	Creativiteit
Film	Film
Fotografia	Foto
Gesso	Krijt
Matita	Potlood
Penna	Pen
Prospettiva	Perspectief
Ritratto	Portret
Scultura	Beeldhouwwerk
Stampino	Stencil
Vernice	Vernis

Astronomia
Astronomie

Asteroide	Asteroïde
Astronauta	Astronaut
Astronomo	Astronoom
Cielo	Hemel
Cosmo	Kosmos
Costellazione	Sterrenbeeld
Equinozio	Equinox
Gravità	Zwaartekracht
Luna	Maan
Meteora	Meteoor
Nebulosa	Nevel
Osservatorio	Observatorium
Pianeta	Planeet
Radiazione	Straling
Razzo	Raket
Supernova	Supernova
Telescopio	Telescoop
Terra	Aarde
Universo	Universum
Zodiaco	Dierenriem

Attività
Activiteiten

Abilità	Vaardigheid
Arte	Kunst
Artigianato	Ambachten
Attività	Activiteit
Caccia	Jacht
Campeggio	Kamperen
Ceramica	Keramiek
Cucire	Naaien
Danza	Dansen
Escursioni	Wandelen
Fotografia	Fotografie
Giardinaggio	Tuinieren
Giochi	Games
Lettura	Lezen
Magia	Magie
Pesca	Hengelsport
Piacere	Plezier
Puzzle	Puzzels
Rilassamento	Ontspanning
Tempo Libero	Vrije Tijd

Attività e Tempo Libero
Activiteiten en Vrije Ti

Arte	Kunst
Baseball	Honkbal
Basket	Basketbal
Boxe	Boksen
Calcio	Voetbal
Campeggio	Kamperen
Escursioni	Wandelen
Giardinaggio	Tuinieren
Golf	Golf
Hobby	Hobby
Immersione	Duiken
Nuoto	Zwemmen
Pallavolo	Volleybal
Pesca	Hengelsport
Pittura	Schilderij
Rilassante	Ontspannen
Surf	Surfen
Tennis	Tennis
Viaggio	Reis

Avventura
Avontuur

Amici	Vrienden
Attività	Activiteit
Bellezza	Schoonheid
Caso	Kans
Coraggio	Moed
Destinazione	Bestemming
Difficoltà	Moeilijkheid
Entusiasmo	Enthousiasme
Escursione	Excursie
Gioia	Vreugde
Insolito	Ongewoon
Itinerario	Reisplan
Natura	Natuur
Navigazione	Navigatie
Nuovo	Nieuw
Pericoloso	Gevaarlijk
Preparazione	Voorbereiding
Sfide	Uitdagingen
Sicurezza	Veiligheid
Viaggi	Reizen

Balletto
Ballet

Abilità	Vaardigheid
Applauso	Applaus
Artistico	Artistiek
Ballerina	Ballerina
Ballerini	Dansers
Compositore	Componist
Coreografia	Choreografie
Espressivo	Expressief
Gesto	Gebaar
Grazioso	Sierlijk
Intensità	Intensiteit
Muscoli	Spieren
Musica	Muziek
Orchestra	Orkest
Pratica	Praktijk
Prova	Repetitie
Pubblico	Publiek
Ritmo	Ritme
Stile	Stijl
Tecnica	Techniek

Barbecue
Barbecues

Caldo	Heet
Cena	Diner
Cibo	Voedsel
Cipolle	Uien
Coltelli	Messen
Estate	Zomer
Fame	Honger
Famiglia	Familie
Frutta	Fruit
Giochi	Games
Griglia	Grill
Insalate	Salades
Invito	Uitnodiging
Musica	Muziek
Pepe	Peper
Pollo	Kip
Pomodori	Tomaten
Pranzo	Lunch
Sale	Zout
Salsa	Saus

Campeggio
Camping

Alberi	Bomen
Amaca	Hangmat
Animali	Dieren
Avventura	Avontuur
Bussola	Kompas
Cabina	Cabine
Caccia	Jacht
Canoa	Kano
Cappello	Hoed
Corda	Touw
Divertimento	Plezier
Foresta	Bos
Fuoco	Brand
Insetto	Insect
Lago	Meer
Luna	Maan
Mappa	Kaart
Montagna	Berg
Natura	Natuur
Tenda	Tent

Casa
Huis

Attico	Zolder
Biblioteca	Bibliotheek
Camera	Kamer
Camino	Haard
Cucina	Keuken
Doccia	Douche
Finestra	Raam
Garage	Garage
Giardino	Tuin
Lampada	Lamp
Parete	Muur
Pavimento	Vloer
Porta	Deur
Recinto	Hek
Rubinetto	Kraan
Scopa	Bezem
Soffitto	Plafond
Specchio	Spiegel
Tappeto	Tapijt
Tetto	Dak

Castelli
Kastelen

Armatura	Harnas
Catapulta	Katapult
Cavaliere	Ridder
Cavallo	Paard
Corona	Kroon
Dinastia	Dynastie
Drago	Draak
Feudale	Feodaal
Fortezza	Fort
Impero	Rijk
Nobile	Edele
Palazzo	Paleis
Parete	Muur
Principe	Prins
Principessa	Prinses
Regno	Koninkrijk
Scudo	Schild
Spada	Zwaard
Torre	Toren
Unicorno	Eenhoorn

Cibo #1
Eten #1

Aglio	Knoflook
Basilico	Basilicum
Cannella	Kaneel
Carne	Vlees
Carota	Wortel
Cipolla	Ui
Fragola	Aardbei
Insalata	Salade
Latte	Melk
Limone	Citroen
Menta	Munt
Orzo	Gerst
Pera	Peer
Rapa	Raap
Sale	Zout
Spinaci	Spinazie
Succo	Sap
Tonno	Tonijn
Torta	Cake
Zucchero	Suiker

Cibo #2
Eten #2

Banana	Banaan
Broccolo	Broccoli
Ciliegia	Kers
Cioccolato	Chocolade
Formaggio	Kaas
Fungo	Paddestoel
Grano	Tarwe
Kiwi	Kiwi
Mela	Appel
Melanzana	Aubergine
Pane	Brood
Pesce	Vis
Pollo	Kip
Pomodoro	Tomaat
Prosciutto	Ham
Riso	Rijst
Sedano	Selderij
Uovo	Ei
Uva	Druif
Yogurt	Yoghurt

Cioccolato
Chocolade

Amaro	Bitter
Antiossidante	Antioxidant
Arachidi	Pinda'S
Aroma	Aroma
Artigianale	Artisanaal
Cacao	Cacao
Calorie	Calorieën
Caramella	Snoep
Caramello	Karamel
Delizioso	Heerlijk
Dolce	Zoet
Esotico	Exotisch
Gusto	Smaak
Ingrediente	Ingrediënt
Noce di Cocco	Kokosnoot
Polvere	Poeder
Preferito	Favoriet
Qualità	Kwaliteit
Ricetta	Recept
Zucchero	Suiker

Circo
Circus

Acrobata	Acrobaat
Animali	Dieren
Biglietto	Kaartje
Caramella	Snoep
Clown	Clown
Costume	Kostuum
Elefante	Olifant
Giocoliere	Jongleur
Leone	Leeuw
Magia	Magie
Mago	Goochelaar
Musica	Muziek
Palloncini	Ballonnen
Parata	Parade
Scimmia	Aap
Spettacolare	Spectaculair
Spettatore	Toeschouwer
Tenda	Tent
Tigre	Tijger
Trucco	Truc

Città
Stad

Aeroporto	Luchthaven
Banca	Bank
Biblioteca	Bibliotheek
Cinema	Bioscoop
Clinica	Kliniek
Farmacia	Apotheek
Fiorista	Bloemist
Galleria	Galerij
Hotel	Hotel
Libreria	Boekhandel
Mercato	Markt
Museo	Museum
Negozio	Winkel
Panetteria	Bakkerij
Scuola	School
Stadio	Stadion
Supermercato	Supermarkt
Teatro	Theater
Università	Universiteit
Zoo	Dierentuin

Colori
Kleuren

Arancia	Oranje
Azzurro	Azuur
Beige	Beige
Bianco	Wit
Blu	Blauw
Ciano	Cyaan
Fucsia	Fuchsia
Giallo	Geel
Grigio	Grijs
Indaco	Indigo
Magenta	Magenta
Marrone	Bruin
Nero	Zwart
Rosa	Roze
Rosso	Rood
Seppia	Sepia
Verde	Groen
Viola	Paars

Commedia
Komedie

Applauso	Applaus
Attore	Acteur
Attrice	Actrice
Clown	Clowns
Divertente	Grappig
Divertimento	Plezier
Espressivo	Expressief
Genere	Genre
Improvvisazione	Improvisatie
Intelligente	Slim
Parodia	Parodie
Pubblico	Publiek
Risata	Gelach
Scherzi	Grappen
Teatro	Theater
Televisione	Televisie
Umorismo	Humor

Compleanno
Verjaardag

Amici	Vrienden
Anno	Jaar
Calendario	Kalender
Candele	Kaarsen
Canzone	Lied
Carte	Kaarten
Celebrazione	Viering
Divertimento	Plezier
Felice	Gelukkig
Gioioso	Blij
Giorno	Dag
Giovane	Jong
Grande	Groot
Inviti	Uitnodigingen
Nato	Geboren
Regalo	Geschenk
Saggezza	Wijsheid
Speciale	Speciaal
Tempo	Tijd
Torta	Cake

Conservazione
Behoud

Acqua	Water
Ambientale	Milieu
Cambiamenti	Veranderingen
Ciclo	Fiets
Clima	Klimaat
Ecosistema	Ecosysteem
Educazione	Onderwijs
Habitat	Habitat
Inquinamento	Vervuiling
Naturale	Natuurlijk
Organico	Organisch
Pesticida	Pesticide
Preoccupazione	Zorg
Riciclare	Recycleren
Ridurre	Verminderen
Salute	Gezondheid
Sostenibile	Duurzaam
Verde	Groen
Volontario	Vrijwilliger

Corpo Umano
Menselijk Lichaam

Bocca	Mond
Caviglia	Enkel
Cervello	Hersenen
Collo	Nek
Cuore	Hart
Dito	Vinger
Faccia	Gezicht
Gamba	Been
Ginocchio	Knie
Gomito	Elleboog
Mano	Hand
Mento	Kin
Naso	Neus
Occhio	Oog
Orecchio	Oor
Pelle	Huid
Sangue	Bloed
Spalla	Schouder
Stomaco	Maag
Testa	Hoofd

Cucina
Keuken

Bacchette	Eetstokjes
Bollitore	Ketel
Brocca	Kruik
Cibo	Voedsel
Ciotola	Kom
Coltelli	Messen
Congelatore	Vriezer
Cucchiai	Lepels
Forchette	Vorken
Forno	Oven
Frigorifero	Koelkast
Grembiule	Schort
Griglia	Grill
Mestolo	Pollepel
Ricetta	Recept
Spezie	Specerijen
Spugna	Spons
Tazze	Cup
Tovagliolo	Servet
Vaso	Pot

Danza
Dans

Accademia	Academie
Arte	Kunst
Classico	Klassiek
Compagno	Partner
Coreografia	Choreografie
Corpo	Lichaam
Cultura	Cultuur
Culturale	Cultureel
Emozione	Emotie
Espressivo	Expressief
Gioioso	Blij
Grazia	Genade
Movimento	Beweging
Musica	Muziek
Postura	Houding
Prova	Repetitie
Ritmo	Ritme
Salto	Springen
Tradizionale	Traditioneel
Visivo	Visueel

Dinosauri
Dinosaurussen

Ali	Vleugels
Carnivoro	Carnivoor
Coda	Staart
Enorme	Enorm
Erbivoro	Herbivoor
Evoluzione	Evolutie
Fossili	Fossielen
Grande	Groot
Mammut	Mammoet
Onnivoro	Omnivoor
Potente	Krachtig
Preda	Prooi
Preistorico	Prehistorisch
Rapace	Roofvogel
Rettile	Reptiel
Scomparsa	Verdwijning
Specie	Soort
Taglia	Grootte
Terra	Aarde
Vizioso	Vicieuze

Discipline Scientifiche
Wetenschappelijke Discip

Anatomia	Anatomie
Archeologia	Archeologie
Astronomia	Astronomie
Biochimica	Biochemie
Biologia	Biologie
Botanica	Plantkunde
Chimica	Chemie
Ecologia	Ecologie
Fisiologia	Fysiologie
Geologia	Geologie
Immunologia	Immunologie
Linguistica	Taalkunde
Meccanica	Mechanica
Meteorologia	Meteorologie
Mineralogia	Mineralogie
Neurologia	Neurologie
Nutrizione	Voeding
Psicologia	Psychologie
Sociologia	Sociologie
Zoologia	Zoölogie

Ecologia
Ecologie

Clima	Klimaat
Diversità	Diversiteit
Fauna	Fauna
Flora	Flora
Globale	Globaal
Habitat	Habitat
Marino	Marinier
Montagne	Bergen
Natura	Natuur
Naturale	Natuurlijk
Palude	Moeras
Piante	Planten
Siccità	Droogte
Sopravvivenza	Overleving
Sostenibile	Duurzaam
Specie	Soort
Varietà	Variëteit
Vegetazione	Vegetatie
Volontari	Vrijwilligers

Edifici
Gebouwen

Ambasciata	Ambassade
Appartamento	Appartement
Cabina	Cabine
Castello	Kasteel
Cinema	Bioscoop
Fabbrica	Fabriek
Fienile	Schuur
Hotel	Hotel
Laboratorio	Laboratorium
Museo	Museum
Ospedale	Ziekenhuis
Osservatorio	Observatorium
Ostello	Herberg
Scuola	School
Stadio	Stadion
Supermercato	Supermarkt
Teatro	Theater
Tenda	Tent
Torre	Toren
Università	Universitcit

Emozioni
Emoties

Amore	Liefde
Calma	Kalm
Contenuto	Inhoud
Eccitato	Opgewonden
Gioia	Vreugde
Grato	Dankbaar
Imbarazzato	Beschaamd
Noia	Verveling
Pace	Vrede
Paura	Angst
Rabbia	Woede
Rilassato	Ontspannen
Rilievo	Opluchting
Simpatia	Sympathie
Soddisfatto	Tevreden
Sorpresa	Verrassing
Tenerezza	Tederheid
Tranquillità	Rust
Tristezza	Droefheid

Erboristeria
Herbalisme

Aglio	Knoflook
Aneto	Dille
Aromatico	Aromatisch
Basilico	Basilicum
Culinario	Culinair
Dragoncello	Dragon
Finocchio	Venkel
Fiore	Bloem
Giardino	Tuin
Ingrediente	Ingrediënt
Lavanda	Lavendel
Maggiorana	Marjolein
Menta	Munt
Origano	Oregano
Prezzemolo	Peterselie
Qualità	Kwaliteit
Rosmarino	Rozemarijn
Timo	Tijm
Verde	Groen
Zafferano	Saffraan

Escursionismo
Wandelen

Acqua	Water
Animali	Dieren
Campeggio	Kamperen
Clima	Klimaat
Guide	Gidsen
Mappa	Kaart
Montagna	Berg
Natura	Natuur
Orientamento	Oriëntatie
Parchi	Parken
Pericoli	Gevaren
Pesante	Zwaar
Pietre	Stenen
Preparazione	Voorbereiding
Scogliera	Klif
Selvaggio	Wild
Sole	Zon
Stanco	Moe
Stivali	Laarzen
Vertice	Top

Esplorazione
Exploratie

Animali	Dieren
Attività	Activiteit
Coraggio	Moed
Culture	Culturen
Determinazione	Bepaling
Eccitazione	Opwinding
Esaurimento	Uitputting
Lingua	Taal
Nuovo	Nieuw
Per Imparare	Leren
Pericoli	Gevaren
Pericoloso	Gevaarlijk
Sconosciuto	Onbekend
Scoperta	Ontdekking
Selvaggio	Wild
Spazio	Ruimte
Terreno	Terrein
Viaggio	Reis

Estate
Zomer

Amici	Vrienden
Campeggio	Kamperen
Casa	Huis
Cibo	Voedsel
Famiglia	Familie
Giardino	Tuin
Giochi	Games
Gioia	Vreugde
Immersione	Duiken
Libri	Boeken
Mare	Zee
Musica	Muziek
Ricordi	Herinneringen
Rilassamento	Ontspanning
Sandali	Sandalen
Spiaggia	Strand
Stelle	Sterren
Tempo Libero	Vrije Tijd
Vacanza	Vakantie
Viaggio	Reis

Famiglia
Familie

Antenato	Voorouder
Bambini	Kinderen
Bambino	Kind
Figlia	Dochter
Fratello	Broer
Gemelli	Tweeling
Infanzia	Jeugd
Madre	Moeder
Marito	Man
Moglie	Vrouw
Nipote	Neef
Nipote	Nicht
Nonna	Grootmoeder
Nonno	Opa
Padre	Vader
Paterno	Vaderlijk
Sorella	Zus
Zia	Tante
Zio	Oom

Fantascienza
Meer Informatie

Atomico	Atoom
Cinema	Bioscoop
Distopia	Dystopie
Esplosione	Explosie
Estremo	Extreem
Fantastico	Fantastisch
Fuoco	Brand
Futuristico	Futuristisch
Illusione	Illusie
Immaginario	Denkbeeldig
Libri	Boeken
Misterioso	Mysterieus
Mondo	Wereld
Oracolo	Orakel
Pianeta	Planeet
Realistico	Realistisch
Robot	Robots
Scenario	Scenario
Tecnologia	Technologie
Utopia	Utopie

Fattoria #1
Boerderij #1

Acqua	Water
Agricoltura	Landbouw
Ape	Bij
Asino	Ezel
Campo	Veld
Cane	Hond
Capra	Geit
Cavallo	Paard
Fertilizzante	Mest
Fieno	Hooi
Gatto	Kat
Gregge	Kudde
Maiale	Varken
Miele	Honing
Mucca	Koe
Pollo	Kip
Recinto	Hek
Riso	Rijst
Semi	Zaden
Vitello	Kalf

Fattoria #2
Boerderij #2

Agnello	Lam
Agricoltore	Boer
Alveare	Bijenkorf
Anatra	Eend
Animali	Dieren
Cibo	Voedsel
Fienile	Schuur
Frutta	Fruit
Frutteto	Boomgaard
Grano	Tarwe
Irrigazione	Irrigatie
Lama	Lama
Latte	Melk
Mais	Maïs
Oche	Ganzen
Orzo	Gerst
Pastore	Herder
Pecora	Schaap
Prato	Weide
Trattore	Tractor

Fiori
Bloemen

Gardenia	Gardenia
Gelsomino	Jasmijn
Giglio	Lelie
Girasole	Zonnebloem
Ibisco	Hibiscus
Lavanda	Lavendel
Lilla	Lila
Magnolia	Magnolia
Margherita	Madeliefje
Mazzo	Boeket
Narciso	Narcis
Orchidea	Orchidee
Papavero	Papaver
Passiflora	Passiebloem
Peonia	Pioenroos
Petalo	Bloemblad
Plumeria	Plumeria
Rosa	Roos
Trifoglio	Klaver
Tulipano	Tulp

Foresta Pluviale
Regenwoud

Anfibi	Amfibieën
Botanico	Botanisch
Clima	Klimaat
Comunità	Gemeenschap
Diversità	Diversiteit
Giungla	Jungle
Indigeno	Inheems
Insetti	Insecten
Mammiferi	Zoogdieren
Muschio	Mos
Natura	Natuur
Nuvole	Wolken
Preservazione	Behoud
Prezioso	Waardevol
Restauro	Restauratie
Rifugio	Toevlucht
Rispetto	Respect
Sopravvivenza	Overleving
Specie	Soort
Uccelli	Vogels

Forme
Vormen

Angolo	Hoek
Arco	Boog
Bordi	Randen
Cerchio	Cirkel
Cilindro	Cilinder
Cono	Kegel
Cubo	Kubus
Curva	Curve
Iperbole	Hyperbool
Lato	Kant
Linea	Lijn
Ovale	Ovaal
Piramide	Piramide
Poligono	Veelhoek
Prisma	Prisma
Quadrato	Vierkant
Rettangolo	Rechthoek
Rotondo	Ronde
Sfera	Bol
Triangolo	Driehoek

Forniture Artistiche
Kunstbenodigdheden

Acqua	Water
Acquerelli	Aquarellen
Acrilico	Acryl
Argilla	Klei
Carbone	Houtskool
Carta	Papier
Cavalletto	Ezel
Colla	Lijm
Colori	Kleuren
Creatività	Creativiteit
Gomma	Gom
Idee	Ideeën
Inchiostro	Inkt
Matite	Potloden
Olio	Olie
Pastelli	Pastel
Sedia	Stoel
Spazzole	Borstels
Tavolo	Tafel
Telecamera	Camera

Frutta
Fruit

Albicocca	Abrikoos
Ananas	Ananas
Arancia	Oranje
Avocado	Avocado
Bacca	Bes
Banana	Banaan
Ciliegia	Kers
Kiwi	Kiwi
Lampone	Framboos
Limone	Citroen
Mango	Mango
Mela	Appel
Melone	Meloen
Mora	Braam
Nettarina	Nectarine
Papaia	Papaja
Pera	Peer
Pesca	Perzik
Prugna	Pruim
Uva	Druif

Gatti
Katten

Artiglio	Klauw
Cacciatore	Jager
Coda	Staart
Curioso	Nieuwsgierig
Divertente	Grappig
Dormire	Slaap
Filo	Garen
Giocoso	Speels
Indipendente	Onafhankelijk
Pazzo	Gek
Pelliccia	Bont
Poco	Klein
Selvaggio	Wild
Timido	Verlegen
Topo	Muis
Veloce	Snel
Zampa	Poot

Geografia
Geografie

Altitudine	Hoogte
Atlante	Atlas
Città	Stad
Continente	Continent
Emisfero	Halfrond
Fiume	Rivier
Isola	Eiland
Latitudine	Breedtegraad
Longitudine	Lengtegraad
Mappa	Kaart
Mare	Zee
Meridiano	Meridiaan
Mondo	Wereld
Montagna	Berg
Nord	Noorden
Ovest	Westen
Paese	Land
Regione	Regio
Sud	Zuiden
Territorio	Grondgebied

Geologia
Geologie

Acido	Zuur
Altopiano	Plateau
Calcio	Calcium
Caverna	Grot
Continente	Continent
Corallo	Koraal
Cristalli	Kristallen
Erosione	Erosie
Fossile	Fossiel
Geyser	Geiser
Lava	Lava
Minerali	Mineralen
Pietra	Steen
Quarzo	Kwarts
Sale	Zout
Stalagmiti	Stalagmieten
Stalattite	Stalactiet
Strato	Laag
Terremoto	Aardbeving
Vulcano	Vulkaan

Giardino
Tuin

Albero	Boom
Amaca	Hangmat
Cespuglio	Struik
Erba	Gras
Erbacce	Onkruid
Fiore	Bloem
Frutteto	Boomgaard
Garage	Garage
Giardino	Tuin
Pala	Schop
Panca	Bank
Prato	Gazon
Rastrello	Hark
Recinto	Hek
Stagno	Vijver
Suolo	Bodem
Terrazza	Terras
Trampolino	Trampoline
Tubo	Slang
Vite	Wijnstok

Giocattoli
Speelgoed

Aereo	Vliegtuig
Aquilone	Vlieger
Argilla	Klei
Artigianato	Ambachten
Auto	Auto
Bambola	Pop
Barca	Boot
Batteria	Drums
Bicicletta	Fiets
Camion	Vrachtauto
Giochi	Games
Immaginazione	Verbeelding
Libri	Boeken
Palla	Bal
Preferito	Favoriet
Puzzle	Puzzel
Robot	Robot
Scacchi	Schaak
Treno	Trein
Vernici	Verf

Giorni e Mesi
Dagen en Maanden

Agosto	Augustus
Anno	Jaar
Aprile	April
Calendario	Kalender
Dicembre	December
Domenica	Zondag
Febbraio	Februari
Gennaio	Januari
Giugno	Juni
Luglio	Juli
Lunedì	Maandag
Martedì	Dinsdag
Mercoledì	Woensdag
Mese	Maand
Novembre	November
Ottobre	Oktober
Sabato	Zaterdag
Settembre	September
Settimana	Week
Venerdì	Vrijdag

Guida
Rijden

Auto	Auto
Autobus	Bus
Carburante	Brandstof
Freni	Remmen
Garage	Garage
Gas	Gas
Incidente	Ongeluk
Licenza	Licentie
Mappa	Kaart
Moto	Motorfiets
Motore	Motor
Pedonale	Voetganger
Pericolo	Gevaar
Polizia	Politie
Sicurezza	Veiligheid
Strada	Weg
Traffico	Verkeer
Trasporto	Vervoer
Tunnel	Tunnel
Velocità	Snelheid

Imbarcazioni
Boten

Albero	Mast
Ancora	Anker
Barca a Vela	Zeilboot
Boa	Boei
Canoa	Kano
Corda	Touw
Equipaggio	Bemanning
Fiume	Rivier
Kayak	Kajak
Lago	Meer
Mare	Zee
Marea	Tij
Marinaio	Matroos
Motore	Motor
Nautico	Nautisch
Oceano	Oceaan
Onde	Golven
Traghetto	Veerboot
Yacht	Jacht
Zattera	Vlot

Insetti
Insecten

Afide	Bladluis
Ape	Bij
Calabrone	Horzel
Cavalletta	Sprinkhaan
Cicala	Cicade
Coleottero	Kever
Falena	Mot
Farfalla	Vlinder
Formica	Mier
Larva	Larve
Libellula	Libel
Mantide	Bidsprinkhaan
Pulce	Vlo
Scarafaggio	Kakkerlak
Termite	Termiet
Verme	Worm
Vespa	Wesp
Zanzara	Mug

Letteratura
Literatuur

Analisi	Analyse
Analogia	Analogie
Aneddoto	Anekdote
Autore	Auteur
Biografia	Biografie
Conclusione	Conclusie
Confronto	Vergelijking
Descrizione	Omschrijving
Dialogo	Dialoog
Genere	Genre
Metafora	Metafoor
Opinione	Mening
Poesia	Gedicht
Poetico	Poëtisch
Rima	Rijm
Ritmo	Ritme
Romanzo	Roman
Stile	Stijl
Tema	Thema
Tragedia	Tragedie

Libri
Boeken

Autore	Auteur
Avventura	Avontuur
Collezione	Collectie
Contesto	Context
Dualità	Dualiteit
Epico	Episch
Inventivo	Inventief
Letterario	Literair
Lettore	Lezer
Narratore	Verteller
Pagina	Bladzijde
Poesia	Poëzie
Rilevante	Relevant
Romanzo	Roman
Scritto	Geschreven
Serie	Serie
Storia	Verhaal
Storico	Historisch
Tragico	Tragisch
Umoristico	Humoristisch

Mammiferi
Zoogdieren

Balena	Walvis
Cane	Hond
Canguro	Kangoeroe
Cavallo	Paard
Cervo	Hert
Coniglio	Konijn
Coyote	Coyote
Delfino	Dolfijn
Elefante	Olifant
Gatto	Kat
Giraffa	Giraf
Gorilla	Gorilla
Leone	Leeuw
Lupo	Wolf
Orso	Beer
Pecora	Schaap
Scimmia	Aap
Toro	Stier
Volpe	Vos
Zebra	Zebra

Matematica
Wiskunde

Angoli	Hoeken
Aritmetica	Rekenkundig
Decimale	Decimaal
Diametro	Diameter
Divisione	Divisie
Equazione	Vergelijking
Esponente	Exponent
Frazione	Fractie
Geometria	Geometrie
Parallelo	Parallel
Perimetro	Omtrek
Perpendicolare	Loodrecht
Poligono	Veelhoek
Quadrato	Vierkant
Raggio	Straal
Rettangolo	Rechthoek
Simmetria	Symmetrie
Somma	Som
Triangolo	Driehoek
Volume	Volume

Meditazione
Meditatie

Accettazione	Aanvaarding
Attenzione	Aandacht
Calma	Kalm
Chiarezza	Helderheid
Compassione	Mededogen
Emozioni	Emoties
Felicità	Geluk
Gratitudine	Dankbaarheid
Mentale	Mentaal
Mente	Geest
Movimento	Beweging
Musica	Muziek
Natura	Natuur
Osservazione	Observatie
Pace	Vrede
Pensieri	Gedachten
Postura	Houding
Prospettiva	Perspectief
Respirazione	Ademhaling
Silenzio	Stilte

Meteo
Weersomstandigheden

Arcobaleno	Regenboog
Asciutto	Droog
Atmosfera	Atmosfeer
Brezza	Bries
Cielo	Hemel
Clima	Klimaat
Fulmine	Bliksem
Ghiaccio	Ijs
Monsone	Moesson
Nebbia	Mist
Nube	Wolk
Polare	Polair
Siccità	Droogte
Temperatura	Temperatuur
Tempesta	Storm
Tornado	Tornado
Tropicale	Tropisch
Tuono	Donder
Uragano	Orkaan
Vento	Wind

Misurazioni
Metingen

Altezza	Hoogte
Byte	Byte
Centimetro	Centimeter
Chilogrammo	Kilogram
Chilometro	Kilometer
Decimale	Decimaal
Grado	Graad
Grammo	Gram
Larghezza	Breedte
Litro	Liter
Lunghezza	Lengte
Metro	Meter
Minuto	Minuut
Oncia	Ons
Peso	Gewicht
Pinta	Pint
Pollice	Inch
Profondità	Diepte
Tonnellata	Ton
Volume	Volume

Mitologia
Mythologie

Archetipo	Archetype
Comportamento	Gedrag
Creatura	Wezen
Creazione	Creatie
Credenze	Overtuigingen
Cultura	Cultuur
Disastro	Ramp
Divinità	Godheden
Eroe	Held
Forza	Kracht
Fulmine	Bliksem
Gelosia	Jaloezie
Guerriero	Krijger
Labirinto	Doolhof
Leggenda	Legende
Magico	Magisch
Mortale	Sterfelijk
Mostro	Monster
Tuono	Donder
Vendetta	Wraak

Natura
Natuur

Animali	Dieren
Api	Bijen
Artico	Arctisch
Bellezza	Schoonheid
Deserto	Woestijn
Dinamico	Dynamisch
Erosione	Erosie
Fiume	Rivier
Fogliame	Gebladerte
Foresta	Bos
Ghiacciaio	Gletsjer
Montagne	Bergen
Nebbia	Mist
Nuvole	Wolken
Rifugio	Schuilplaats
Santuario	Heiligdom
Selvaggio	Wild
Sereno	Sereen
Tropicale	Tropisch
Vitale	Vitaal

Numeri
Getallen

Cinque	Vijf
Decimale	Decimaal
Diciannove	Negentien
Diciassette	Zeventien
Diciotto	Achttien
Dieci	Tien
Dodici	Twaalf
Due	Twee
Nove	Negen
Otto	Acht
Quattordici	Veertien
Quattro	Vier
Quindici	Vijftien
Sedici	Zestien
Sei	Zes
Sette	Zeven
Tre	Drie
Tredici	Dertien
Venti	Twintig
Zero	Nul

Nutrizione
Voeding

Amaro	Bitter
Appetito	Eetlust
Bilanciato	Evenwichtig
Calorie	Calorieën
Carboidrati	Koolhydraten
Commestibile	Eetbaar
Dieta	Dieet
Fermentazione	Fermentatie
Gusto	Smaak
Liquidi	Vloeistoffen
Nutriente	Voedingsstof
Peso	Gewicht
Proteine	Eiwitten
Qualità	Kwaliteit
Salsa	Saus
Salute	Gezondheid
Sano	Gezond
Spezie	Specerijen
Tossina	Toxine
Vitamina	Vitamine

Oceano
Oceaan

Anguilla	Aal
Balena	Walvis
Barca	Boot
Corallo	Koraal
Delfino	Dolfijn
Gamberetto	Garnaal
Granchio	Krab
Maree	Getijden
Medusa	Kwal
Onde	Golven
Ostrica	Oester
Pesce	Vis
Polpo	Octopus
Sale	Zout
Scogliera	Rif
Spugna	Spons
Squalo	Haai
Tartaruga	Schildpad
Tempesta	Storm
Tonno	Tonijn

Paesaggi
Landschappen

Cascata	Waterval
Collina	Heuvel
Deserto	Woestijn
Fiume	Rivier
Geyser	Geiser
Ghiacciaio	Gletsjer
Grotta	Grot
Iceberg	Ijsberg
Isola	Eiland
Lago	Meer
Mare	Zee
Montagna	Berg
Oasi	Oase
Oceano	Oceaan
Palude	Moeras
Penisola	Schiereiland
Spiaggia	Strand
Tundra	Toendra
Valle	Vallei
Vulcano	Vulkaan

Paesi #2
Landen #2

Albania	Albani
Danimarca	Denemarken
Etiopia	Ethiopië
Giamaica	Jamaica
Giappone	Japan
Grecia	Griekenland
Haiti	Haïti
Indonesia	Indonesië
Irlanda	Ierland
Laos	Laos
Liberia	Liberia
Messico	Mexico
Nepal	Nepal
Nigeria	Nigeria
Pakistan	Pakistan
Russia	Rusland
Siria	Syrië
Sudan	Soedan
Ucraina	Oekraïne
Uganda	Oeganda

Pesca
Vissen

Acqua	Water
Attrezzatura	Apparatuur
Barca	Boot
Branchie	Kieuwen
Cesto	Mand
Cucinare	Kok
Esagerazione	Overdrijving
Esca	Aas
Filo	Draad
Fiume	Rivier
Gancio	Haak
Lago	Meer
Mascella	Kaak
Oceano	Oceaan
Pazienza	Geduld
Peso	Gewicht
Pinne	Vinnen
Spiaggia	Strand
Stagione	Seizoen

Piante
Installaties

Albero	Boom
Bacca	Bes
Bambù	Bamboe
Botanica	Plantkunde
Cactus	Cactus
Cespuglio	Struik
Crescere	Groeien
Edera	Klimop
Erba	Gras
Fagiolo	Boon
Fertilizzante	Mest
Fiore	Bloem
Flora	Flora
Fogliame	Gebladerte
Foresta	Bos
Giardino	Tuin
Muschio	Mos
Petalo	Bloemblad
Radice	Wortel
Vegetazione	Vegetatie

Pirati
Piraten

Ancora	Anker
Avventura	Avontuur
Bandiera	Vlag
Bussola	Kompas
Capitano	Kapitein
Cattivo	Slecht
Cicatrice	Litteken
Equipaggio	Bemanning
Grotta	Grot
Isola	Eiland
Leggenda	Legende
Mappa	Kaart
Monete	Munten
Oro	Goud
Pappagallo	Papegaai
Pericolo	Gevaar
Rum	Rum
Spada	Zwaard
Spiaggia	Strand
Tesoro	Schat

Professioni #1
Beroepen #1

Allenatore	Trainer
Ambasciatore	Ambassadeur
Artista	Artiest
Astronomo	Astronoom
Avvocato	Advocaat
Ballerino	Danser
Banchiere	Bankier
Cacciatore	Jager
Cartografo	Cartograaf
Editore	Editor
Farmacista	Apotheker
Geologo	Geoloog
Gioielliere	Juwelier
Idraulico	Loodgieter
Infermiera	Verpleegster
Musicista	Muzikant
Pianista	Pianist
Psicologo	Psycholoog
Scienziato	Wetenschapper
Veterinario	Dierenarts

Professioni #2
Beroepen #2

Agricoltore	Boer
Astronauta	Astronaut
Biologo	Bioloog
Chirurgo	Chirurg
Dentista	Tandarts
Detective	Detective
Filosofo	Filosoof
Fotografo	Fotograaf
Giardiniere	Tuinman
Giornalista	Journalist
Illustratore	Illustrator
Ingegnere	Ingenieur
Insegnante	Leraar
Inventore	Uitvinder
Linguista	Linguïst
Medico	Arts
Pilota	Piloot
Pittore	Schilder
Ricercatore	Onderzoeker
Zoologo	Zoöloog

Riempire
Om in te Vullen

Bacino	Bekken
Barile	Vat
Borsa	Zak
Bottiglia	Fles
Busta	Envelop
Cartella	Map
Cartone	Karton
Cassa	Krat
Cassetto	Lade
Cesto	Mand
Pacchetto	Pakje
Scatola	Doos
Secchio	Emmer
Tubo	Buis
Valigia	Koffer
Vaso	Vaas
Vassoio	Dienblad

Ristorante #1
Restaurant #1

Allergia	Allergie
Caffè	Koffie
Cameriera	Serveerster
Carne	Vlees
Cassiere	Kassier
Cibo	Voedsel
Ciotola	Kom
Coltello	Mes
Cucina	Keuken
Dessert	Toetje
Ingredienti	Ingrediënten
Mangiare	Eten
Menù	Menu
Pane	Brood
Piatto	Bord
Piccante	Pittig
Pollo	Kip
Prenotazione	Reservering
Salsa	Saus
Tovagliolo	Servet

Ristorante #2
Restaurant #2

Acqua	Water
Aperitivo	Voorgerecht
Bevanda	Drank
Cameriere	Ober
Cena	Diner
Cucchiaio	Lepel
Delizioso	Heerlijk
Forchetta	Vork
Frutta	Fruit
Ghiaccio	Ijs
Insalata	Salade
Minestra	Soep
Pesce	Vis
Pranzo	Lunch
Sale	Zout
Sedia	Stoel
Spezie	Specerijen
Torta	Cake
Uova	Eieren
Verdure	Groente

Scacchi
Schaken

Avversario	Tegenstander
Bianco	Wit
Campione	Kampioen
Concorso	Wedstrijd
Diagonale	Diagonaal
Giocatore	Speler
Gioco	Spel
Intelligente	Slim
Nero	Zwart
Passivo	Passief
Per Imparare	Leren
Punti	Punten
Re	Koning
Regina	Koningin
Regole	Reglement
Sacrificio	Offer
Sfide	Uitdagingen
Strategia	Strategie
Tempo	Tijd
Torneo	Toernooi

Scienza
Wetenschap

Atomo	Atoom
Chimico	Chemisch
Clima	Klimaat
Dati	Gegevens
Esperimento	Experiment
Evoluzione	Evolutie
Fatto	Feit
Fisica	Natuurkunde
Fossile	Fossiel
Gravità	Zwaartekracht
Ipotesi	Hypothese
Laboratorio	Laboratorium
Metodo	Methode
Minerali	Mineralen
Molecole	Moleculen
Natura	Natuur
Organismo	Organisme
Osservazione	Observatie
Particelle	Deeltjes
Scienziato	Wetenschapper

Scuola #1
School #1

Alfabeto	Alfabet
Amici	Vrienden
Aula	Klaslokaal
Biblioteca	Bibliotheek
Carta	Papier
Cartelle	Mappen
Divertimento	Plezier
Esami	Examens
Insegnante	Leraar
Libri	Boeken
Marcatori	Markeringen
Matematica	Wiskunde
Matita	Potlood
Numeri	Cijfers
Penne	Pennen
Pranzo	Lunch
Quiz	Quiz
Risposte	Antwoorden
Scrivania	Bureau
Sedia	Stoel

Scuola #2
School #2

Accademico	Academisch
Autobus	Bus
Biblioteca	Bibliotheek
Calendario	Kalender
Carta	Papier
Computer	Computer
Dizionario	Woordenboek
Educazione	Onderwijs
Forbici	Schaar
Giochi	Games
Grammatica	Grammatica
Insegnante	Leraar
Letteratura	Literatuur
Lettura	Lezen
Libri	Boeken
Matematica	Wiskunde
Matita	Potlood
Scarpe	Schoenen
Scienza	Wetenschap
Zaino	Rugzak

Spezie
Specerijen

Aglio	Knoflook
Amaro	Bitter
Anice	Anijs
Cannella	Kaneel
Cardamomo	Kardemom
Cipolla	Ui
Coriandolo	Koriander
Cumino	Komijn
Curcuma	Kurkuma
Curry	Kerrie
Dolce	Zoet
Finocchio	Venkel
Liquirizia	Drop
Noce Moscata	Nootmuskaat
Paprika	Paprika
Pepe	Peper
Sale	Zout
Vaniglia	Vanille
Zafferano	Saffraan
Zenzero	Gember

Spiaggia
Strand

Asciugamano	Handdoek
Barca	Boot
Barca a Vela	Zeilboot
Blu	Blauw
Costa	Kust
Dock	Dok
Granchio	Krab
Isola	Eiland
Laguna	Lagune
Mare	Zee
Nuotare	Zwemmen
Oceano	Oceaan
Ombrello	Paraplu
Sabbia	Zand
Sandali	Sandalen
Scogliera	Rif
Sole	Zon
Vacanza	Vakantie

Sport
Sport

Allenatore	Trainer
Atleta	Atleet
Baseball	Honkbal
Basket	Basketbal
Bicicletta	Fiets
Campionato	Kampioenschap
Ginnastica	Gymnastiek
Giocatore	Speler
Gioco	Spel
Golf	Golf
Hockey	Hockey
Movimento	Beweging
Nuotare	Zwemmen
Palestra	Gymnasium
Squadra	Team
Stadio	Stadion
Tennis	Tennis
Vincitore	Winnaar

Strumenti Musicali
Muziekinstrumenten

Armonica	Mondharmonica
Arpa	Harp
Banjo	Banjo
Chitarra	Gitaar
Clarinetto	Klarinet
Fagotto	Fagot
Flauto	Fluit
Gong	Gong
Mandolino	Mandoline
Marimba	Marimba
Oboe	Hobo
Percussione	Percussie
Pianoforte	Piano
Sassofono	Saxofoon
Tamburello	Tamboerijn
Tamburo	Trommel
Tromba	Trompet
Trombone	Trombone
Violino	Viool
Violoncello	Cello

Strumenti di Cottura
Gereedschap Voor het Kok

Bollitore	Ketel
Colino	Vergiet
Coltello	Mes
Coperchio	Deksel
Cucchiaio	Lepel
Filtro	Zeef
Forbici	Schaar
Forchetta	Vork
Forno	Oven
Frigorifero	Koelkast
Grattugia	Rasp
Posate	Bestek
Spatola	Spatel
Spremiagrumi	Sapcentrifuge
Stufa	Kachel
Termometro	Thermometer
Tostapane	Broodrooster

Surf
Surfen

Atleta	Atleet
Campione	Kampioen
Divertimento	Plezier
Estremo	Extreem
Folla	Menigte
Forza	Kracht
Meteo	Weer
Nuotare	Zwemmen
Oceano	Oceaan
Onda	Golf
Pagaia	Peddelen
Popolare	Populair
Principiante	Beginner
Schiuma	Schuim
Scogliera	Rif
Spiaggia	Strand
Spray	Spray
Stile	Stijl
Stomaco	Maag
Velocità	Snelheid

Tecnologia
Technologie

Blog	Blog
Browser	Browser
Byte	Bytes
Computer	Computer
Cursore	Cursor
Dati	Gegevens
Digitale	Digitaal
File	Bestand
Font	Lettertype
Internet	Internet
Messaggio	Bericht
Ricerca	Onderzoek
Schermo	Scherm
Sicurezza	Veiligheid
Software	Software
Statistiche	Statistiek
Telecamera	Camera
Virtuale	Virtueel
Virus	Virus

Tempo
Tijd

Anno	Jaar
Annuale	Jaarlijks
Calendario	Kalender
Decennio	Decennium
Dopo	Na
Futuro	Toekomst
Giorno	Dag
Ieri	Gisteren
Mattina	Ochtend
Mese	Maand
Mezzogiorno	Middag
Minuto	Minuut
Momento	Moment
Notte	Nacht
Oggi	Vandaag
Ora	Uur
Orologio	Klok
Prima	Voor
Secolo	Eeuw
Settimana	Week

Tipi di Capelli
Haartypes

Argento	Zilver
Asciutto	Droog
Bianco	Wit
Biondo	Blond
Breve	Kort
Calvo	Kaal
Colorato	Gekleurd
Grigio	Grijs
Intrecciato	Gevlochten
Liscio	Glad
Lungo	Lang
Marrone	Bruin
Morbido	Zacht
Nero	Zwart
Riccio	Krullend
Riccioli	Krullen
Sano	Gezond
Sottile	Dun
Spessore	Dik
Trecce	Vlechten

Uccelli
Vogels

Airone	Reiger
Anatra	Eend
Aquila	Adelaar
Cicogna	Ooievaar
Cigno	Zwaan
Cuculo	Koekoek
Falco	Havik
Fenicottero	Flamingo
Gabbiano	Meeuw
Oca	Gans
Pappagallo	Papegaai
Passero	Mus
Pavone	Pauw
Pellicano	Pelikaan
Piccione	Duif
Pinguino	Pinguïn
Pollo	Kip
Struzzo	Struisvogel
Tucano	Toekan
Uovo	Ei

Vacanza #1
Vakantie #1

Aereo	Vliegtuig
Auto	Auto
Biglietto	Kaartje
Dogana	Douane
Itinerario	Reisplan
Lago	Meer
Museo	Museum
Nuotare	Zwemmen
Ombrello	Paraplu
Partenza	Vertrek
Rilassamento	Ontspanning
Spedizione	Expeditie
Tram	Tram
Turismo	Toerist
Valigia	Koffer
Valuta	Valuta
Zaino	Rugzak

Vacanze #2
Vakantie #2

Aeroporto	Luchthaven
Campeggio	Kamperen
Destinazione	Bestemming
Foto	Foto'S
Hotel	Hotel
Isola	Eiland
Mappa	Kaart
Mare	Zee
Passaporto	Paspoort
Ristorante	Restaurant
Spiaggia	Strand
Straniero	Buitenlander
Taxi	Taxi
Tempo Libero	Vrije Tijd
Tenda	Tent
Trasporto	Vervoer
Treno	Trein
Vacanza	Vakantie
Viaggio	Reis
Visto	Visum

Veicoli
Voertuigen

Aereo	Vliegtuig
Ambulanza	Ambulance
Auto	Auto
Autobus	Bus
Barca	Boot
Bicicletta	Fiets
Camion	Vrachtauto
Caravan	Caravan
Elicottero	Helikopter
Metropolitana	Metro
Motore	Motor
Pneumatici	Banden
Razzo	Raket
Scooter	Scooter
Sottomarino	Onderzeeër
Taxi	Taxi
Traghetto	Veerboot
Trattore	Tractor
Treno	Trein
Zattera	Vlot

Verdure
Groenten

Aglio	Knoflook
Broccolo	Broccoli
Carciofo	Artisjok
Carota	Wortel
Cetriolo	Komkommer
Cipolla	Ui
Fungo	Paddestoel
Insalata	Salade
Melanzana	Aubergine
Patata	Aardappel
Pisello	Erwt
Pomodoro	Tomaat
Prezzemolo	Peterselie
Rapa	Raap
Ravanello	Radijs
Scalogno	Sjalot
Sedano	Selderij
Spinaci	Spinazie
Zenzero	Gember
Zucca	Pompoen

Vestiti
Kleding

Abito	Jurk
Braccialetto	Armband
Camicetta	Blouse
Camicia	Shirt
Cappello	Hoed
Cappotto	Jas
Cintura	Riem
Collana	Ketting
Giacca	Jasje
Gonna	Rok
Grembiule	Schort
Guanti	Handschoenen
Jeans	Jeans
Maglione	Trui
Moda	Mode
Pantaloni	Broek
Pigiama	Pyjama
Sandali	Sandalen
Scarpa	Schoen
Sciarpa	Sjaal

Virtù #1
1 Jaar Geleden

Affascinante	Charmant
Affidabile	Betrouwbaar
Appassionato	Gepassioneerd
Artistico	Artistiek
Buono	Goed
Curioso	Nieuwsgierig
Decisivo	Beslissend
Divertente	Grappig
Efficiente	Efficiënt
Generoso	Gul
Indipendente	Onafhankelijk
Intelligente	Intelligent
Modesto	Bescheiden
Paziente	Patiënt
Pratico	Praktisch
Pulito	Schoon
Saggio	Wijs
Utile	Behulpzaam

Congratulazioni

Ce l'hai fatta!

Speriamo che questo libro vi sia piaciuto tanto quanto a noi è
piaciuto concepirlo. Ci sforziamo di creare libri della più alta
qualità possibile.
Questa edizione è progettata per fornire un apprendimento
intelligente, di qualità e divertente!

Le è piaciuto questo libro?

Una Semplice Richiesta

Questi libri esistono grazie alle recensioni che pubblicate.

Puoi aiutarci lasciando una recensione
ora a questo link ?

BestBooksActivity.com/Recensioni50

SFIDA FINALE!

Sfida n°1

Sei pronto per il tuo gioco gratuito? Li usiamo sempre, ma non sono così facili da trovare - ecco i **Sinonimi!**

Scrivi 5 parole che hai trovato nei puzzle (n° 21, n° 36, n° 76) e prova a trovare 2 sinonimi per ogni parola.

Scrivi 5 parole del *Puzzle 21*

Parole	Sinonimo 1	Sinonimo 2

Scrivi 5 parole del *Puzzle 36*

Parole	Sinonimo 1	Sinonimo 2

Scrivi 5 parole del *Puzzle 76*

Parole	Sinonimo 1	Sinonimo 2

Sfida n°2

Ora che ti sei riscaldato, scrivi 5 parole che hai trovato nei puzzle n° 9, n° 17 e n° 25 e cerca di trovare 2 contrari per ogni parola. Quanti ne puoi trovare in 20 minuti?

Scrivi 5 parole del **Puzzle 9**

Parole	Antonimo 1	Antonimo 2

Scrivi 5 parole del **Puzzle 17**

Parole	Antonimo 1	Antonimo 2

Scrivi 5 parole del **Puzzle 25**

Parole	Antonimo 1	Antonimo 2

Sfida n°3

Grande! Questa sfida non è niente per te!

Pronto per la sfida finale? Scegli 10 parole che hai scoperto nei diversi puzzle e scrivile qui sotto.

1.	6.
2.	7.
3.	8.
4.	9.
5.	10.

Ora scrivi un testo pensando a una persona, un animale o un luogo che ti piace.

Puoi usare l'ultima pagina di questo libro come bozza.

La tua composizione:

TACCUINO:

A PRESTO!

Tutta la Squadra

BESTACTIVITYBOOKS.COM/FREEGAMES